别让拖延症害了孩子

陈金平 著

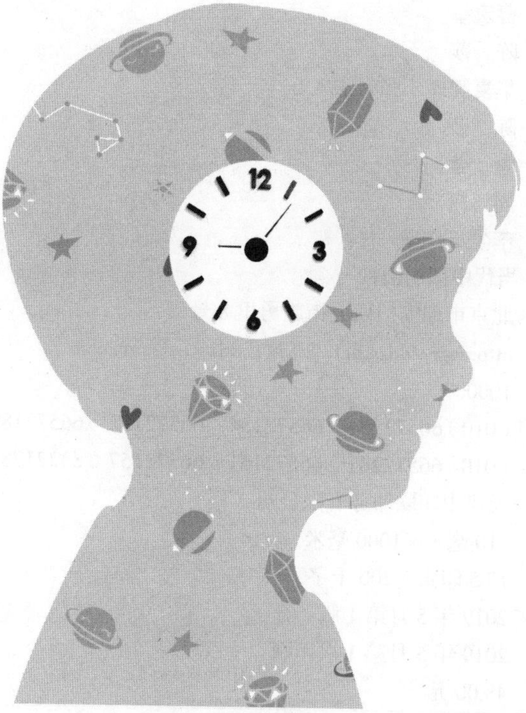

当代中国出版社
Contemporary China Publishing House
2019年 · 北京

图书在版编目(CIP)数据

别让拖延症害了孩子 / 陈金平著 . -- 北京 : 当代中国出版社，2019. 5
ISBN 978-7-5154-0914-6

Ⅰ . ①别…　Ⅱ . ①陈…　Ⅲ . ①家庭教育　Ⅳ . ① G78

中国版本图书馆 CIP 数据核字(2019)第 026592 号

出 版 人　曹宏举
策划编辑　陈　莎
策划支持　华夏智库 · 张　杰
责任编辑　陈　莎
责任校对　康　莹
出版统筹　周海霞
封面设计　李尘工作室
出版发行　当代中国出版社
地　　址　北京市地安门西大街旌勇里 8 号
网　　址　http://www.ddzg.net　邮箱：ddzgcbs@sina.com
邮政编码　100009
编 辑 部　(010)66572264　66572154　66572132　66572180
市 场 部　(010)66572281　66572161　66572157　83221785
印　　刷　天津中印联印务有限公司
开　　本　710 毫米 × 1000 毫米　1/16
印　　张　15.5 印张　200 千字
版　　次　2019 年 5 月第 1 版
印　　次　2019 年 5 月第 1 次印刷
定　　价　48.00 元

前言 *Preface*

最近，网上流行一篇帖子，大意是女人一旦遇上孩子写作业这件事情，瞬间亲妈变后妈，温柔妈变“梅超风”。不得不说，孩子如今已经成为家庭生活的重心所在，尤其是现代社会生活压力这么大，导致父母也非常焦虑，甚至把不安转嫁到孩子身上，这就使孩子的教育问题日益凸显出来，受到广泛的关注。

无论哪一位妈妈都想不明白：为何从小懂事乖巧的孩子，不知不觉间变得这么让人着急、头疼、焦虑，甚至恨不得狠狠地抽他们一顿。尤其是看到孩子一提起写作业，不是要喝水就是要撒尿，不是要吃饭就是头晕、恶心、胃疼等情况出现时，亲妈也忍不住要狠狠骂孩子一顿，甚至想或者已经动手打了孩子。有时孩子不但脸皮厚，还屁股硬，打完了也绝不悔改，该拖延还是无限地拖延下去，根本不管不顾有个心脏加速跳动、头痛欲裂、无限懊悔自己为什么不是丁克的妈妈在旁边。

虽然现代社会讲究男女平等，但是传统的“男主外、女主内”模式还有一定的痕迹，大多数家庭里还是男人以工作为主、女人以家庭为主，各有侧重。可想而知，在家里带孩子的女人在面对让人抓耳挠腮、无从下手的孩子时，内心该是多么无奈和焦灼啊！尤其是看着自己辛辛苦苦收拾好的家瞬间变得凌乱，却没有人愿意为此负责或者收拾残局；再看到孩子写了整整两个小时早该完成的作业才写了不到一半，当妈的真是连跳楼的心都有了。假如孩子不是这么拖延，也许情况会大为改观吧！妈妈们梦想着孩子都成为对自己言听计从的乖孩子，依照妈妈的指令行事，然而这只是个梦，而且还是白日梦。

归根结底，要想改变孩子的拖延行为，一味梦想或者幻想都是不可能实现的，最重要的是透过现象看本质，找到问题的根源。有些孩子的拖延是性格导致的，有些孩子的拖延是需要父母改变教育方式的，有些孩子的拖延只是因为逃避现实……总而言之，唯有洞察原因，有的放矢，才能有针对性地解决问题。然而，不管孩子的拖延是因何而起，孩子从呱呱坠地开始就与父母生活在一起，受到父母潜移默化的影响。所以，要想解决孩子的拖延问题，绝不能孤立地看待，而是要认识到孩子的拖延问题实际上是与父母密切相关的。曾经有人说，人与人之间的关系就像是刺猬在一起取暖，离得太近了，容易相互扎到；离得太远了，又感受不到彼此的温暖。其实，亲子关系何尝不是普通人际关系的一种呢？尽管亲子关系理应是这个世界上最亲密无间、坚如磐石的关系，但是作为父母，依然要找到最好的方式与孩子相处，才能彼此和谐融洽。

曾经有心理学家指出，一个家庭中，一旦存在压力、怀疑、强制、依赖和疏离这些现象，那么孩子很容易产生各种各样的心理问题，尤其容易导致拖延。实际上，我们不可否认在这个世界上每个父母都很爱自己的孩子，要想让孩子健康地成长，父母只付出爱是远远不够的。爱有很多种，不同的爱会给人带来不同的感受，父母对孩子的爱又该是怎样的呢？父母既是孩子的守护者，也是孩子的领路人，要在孩子小时候无微不至地照顾孩子，给予孩子安全感，在孩子渐渐长大成人之后，适时对孩子放手，给孩子更多的机会学会自立。父母既要帮助孩子度过人生中的重重难关，又要撤掉自己曾经撑开在孩子头顶、为孩子遮风挡雨的伞。父母既要对孩子宽容，原谅孩子的错误，避免孩子因为害怕犯错而拖延，又要在孩子犯错之后，坚持执行惩罚孩子的措施，而无视孩子含泪、失望的眼。没错，父母的工作就是这么难做，很多时候我们哪怕以此作为自己毕生的事业，也难免被尚在襁褓中的孩子气得想哭，又被已经长大成人的孩子折磨得心力交瘁，恨不得自己从未活过……面对拖延的孩子，父母就算百感交集，也要控制自己，依然继续无条件地爱孩子，在现象中洞悉背后的根源，开启、唤醒、赋能孩子，令孩子能够活出应有的风采。

孩子的成长有其自身的规律，任何时候，哪怕作为父母，我们也无权打乱孩子内心的节奏。世界嘈杂，请让我们以平静淡然为孩子撑起一片“慢生活”的天地，等待孩子慢慢地长大，孩子的成长如同花开一样，有的花春天开，有的花夏天开，有的花秋天开……父母们带着爱，等待孩子自己心中的花开，等待孩子长成他们自己的样子……

目录
Contents

第十一章　小小惩罚形成强执行力，胜过千万说教

第一章
孩子为什么会拖延

提起孩子的拖延，相信大多数父母都会感到非常头疼，毕竟现代社会生活节奏非常快，很多父母都忙于生活和工作，总是风风火火的，尤其是在时间紧迫的情况下，父母很少有时间等待孩子。然而，生活哪怕再忙碌，父母也要尊重孩子内心的节奏，不要随意扰乱孩子的规律。事实上，有些孩子并非真的拖延，而是孩子的内心节奏决定了他们的“慢生活”。即使对于拖延的孩子，父母也要尊重他们，给予他们时间，引导他们渐渐加快速度。

1.妈妈越心急，孩子越拖延

每天早上，相信很多家庭都是以紧张忙碌来开始一天的生活。尤其是工作日的早上，悠闲从容的家庭少，紧张忙碌的家庭多，甚至有的家庭因为缺乏秩序，导致手忙脚乱。有孩子的家庭总是平添几多忙乱，这原本是正常现象，但是即便再忙碌，家庭生活也要遵从一定的秩序，才能从容向前推进。要想让早上更从容一些，作为父母就不要过分催促孩子。很多父母对于帮助孩子戒除拖延这个问题存在一定的误区，总觉得只要催促孩子，孩子就能快起来。殊不知，有的时候催促会起到完全相反的效果，甚至父母越是着急，孩子越是拖延，这到底是为什么呢？明智的父母知道，只有让自己找到秩序，保持理性，才能把良好的情绪传递给孩子，真正让孩子做到忙而不乱，秩序井然。

首先，父母着急，未免在催促孩子的过程中带着情绪，导致孩子变得很紧张，甚至无法听清楚父母的话，也就不能理解父母的意思，由此引起延误。其次，很多孩子都有叛逆心理，在家庭生活中，假如妈妈比较啰唆，孩子很可能产生逆反心理，甚至故意与妈妈对着干，这种情况尤其常见于年纪大一些的孩子，因为大一些的孩子更有主见，也不愿意接受父母的安排。有的父母一直唠叨，一件事情说很多遍，以致孩子潜意识中认为妈妈还会叫我起床，还会提醒，反而变得不着急，形成依赖，形成父母唠叨后的拖延错觉。

事实上，孩子内心的节奏原本就比成年人慢，越是年纪小的孩子，越是喜欢慢节奏，这也是如今主张还给孩子“慢生活”的原因。所以，真正爱孩子的父母，会合理安排好家庭生活的节奏，尽量不要扰乱孩子内心的节奏，从而帮助孩子更好地成长。

城市的清晨从静谧开始，豆豆的妈妈却万分苦恼，因为她每天早上最大的工作量就是催促豆豆起床、洗脸、刷牙、吃饭、如厕……总而言之，早上，刚刚起床的豆豆显得慢吞吞的，不管做什么事情都慢三拍。提起忙碌的早上，妈妈就万分焦虑：“孩子什么时候才能不需要催促呢？现在已经读幼儿园大班了，等到进入小学，继续当迟到大王，那可怎么办啊！”原来，妈妈本身就是个急性子，又因为豆豆去幼儿园总是迟到，所以妈妈更加心急如焚。

奶奶告诉妈妈：“不要这样催促孩子，孩子本来就慢嘛！”妈妈却不以为然：“怎么能慢下来啊，马上就要上小学了。而且，他这样慢慢吞吞的，浪费多少时间，别人的孩子都跑出去半里地了，他还在起跑线呢！”奶奶无奈地说：“孩子的时间不就是用来浪费的嘛，你觉得他在浪费时间，实际上他在悄悄地、慢慢吞吞地长大呢！”作为一名退休的老教师，奶奶也难以说服妈妈，只能说妈妈“望子成龙”心切，很难保持内心的平静。但是随着妈妈的催促，豆豆的动作越来越慢，甚至有些蓄意性拖延了……

还记得在孩子小的时候父母叮嘱孩子的话吗？孩子一出生吃奶，奶水太急促，孩子太饿，因而未免着急地吞咽，甚至被呛到，妈妈总是柔声地说“宝贝，慢点儿吃啊，没人跟你抢呢”；孩子渐渐长大，开始学习走路，时常摔倒，爸爸总是安抚孩子“宝贝，没关系，再来一次，这次要慢一点儿啊，不要着急”；孩子上幼儿园了，遇到完成不了的作业，父母也总是告诉孩子“要有耐心，慢慢来，总能学会”……在孩子小的时候，父母总是希望孩子慢一点儿、再慢一点儿，从而让孩子保持稳定的速度，慢慢地长大。等到孩子稍微长大一些，走出家门，进入幼儿园，迈出走向社会的第一步，父母又会不停地催促孩子。不知从何时起，父母不再对孩子充满耐心，他们不知看似已经长大的孩子，其实内心还停留在慢慢长大的阶段。

作为父母，要想解决孩子拖延的问题，一定要了解孩子内心的节奏，而不要一味考虑自己的节奏，强求孩子跟上自己的节奏，这样才能尊重孩子的身心发展规律，更好地引导孩子，陪伴孩子成长。如果父母对于孩子的要求过高，总是不停地催促孩子，往往会让孩子陷入被动的状态，导致孩子的内心紧张局促。

2. 家有唠叨妈，孩子拖延成性

在假期都不用每天盯着孩子早晨按时起床、洗脸、刷牙、放学之后写作业及预习复习的妈妈们，一旦学校开学或者出游，常常会陷入着急焦虑中。还有些妈妈因为“忍耐的功夫”有限，时不时地上演“河东狮吼”，虽然把自己气得七窍生烟，却丝毫没有起到效果。只见孩子依然故我，慢吞吞地该干什么就干什么，并没有因为妈妈的唠叨就提高速度，甚至有些孩子还刻意地慢半拍，这到底是为什么呢？如果妈妈过于唠叨，不管孩子是慢速还是已经加速，都始终以唠叨同样对待，那么天长日久，孩子就会认为不管自己速度如何，都无法摆脱妈妈的唠叨。既然如此，他们还有必要加速吗？孩子的厌倦与拖延行为的固化，正是在妈妈的唠叨之中逐渐形成的。

毋庸置疑，对于父母上班、孩子上学的家庭而言，日子过得每天都像是在冲锋打仗。尤其是妈妈，因为肩负着照顾孩子的主要任务，所以更加火急火燎。然而，大多数忙碌的妈妈一边忙着，一边嘴巴也没闲着。她们总是手里的活儿不停，嘴里的话也不断。因此，有很多孩子都为自己有一个“话痨妈妈”而感到非常苦恼。如果妈妈的唠叨能起到预期的效果，那么被冠以这样的“美名”尚且还算值得。遗憾的是，很多妈妈的唠叨都如同用拳头打棉花，所有的劲道都会被孩子置若罔闻的耳朵吸进去，消散于无形，甚至形成未来青春期的逆反现象。曾经一个“卓越种子训练营”的孩子形容妈妈是闹钟，问题在于人醒了，闹钟还是不停地响，那接下来的就不是闹钟了，而是烦人了。以至于生活中形成一个非常有趣的现象，即相当一部分孩子非但没有在妈妈的唠叨声中变得快速，反而还养成了拖延的坏习惯，这到底是为什么呢？

丁丁是个特别爱拖延的孩子，不管妈妈怎么催促他，他都无动于衷，该做什么就做什么，对妈妈的唠叨充耳不闻。有一次，同学大刘来找丁丁一起去游泳。因为丁丁没有提前准备好泳衣泳裤，因而妈妈又开始唠叨：“丁丁，你看看你，我都提醒你几遍了，让你提前准备好游泳的东西，这样就不用让同学等了。你呀你呀，你不知道浪费别人的时间就等于谋财害命吗？”听到丁丁妈妈说得如此严重，大刘有些不好意思，赶紧说：“阿姨，没有那么严重的。我没什么其他事情，也不着急，让丁丁慢慢收拾就好，正好我还可以看看丁丁的书呢！”即使如此，妈妈依然不依不饶：“他呀，从小就是个慢性子、拖拉鬼，不管做什么事情，都要我催促很多遍，有的时候都火烧眉毛了，他也不着急。”丁丁抬起眼睛看了妈妈一眼，反而把手里正在收拾的泳衣放了下来，然后喊同学："大刘，咱们一起玩会儿游戏再去吧！"趁着妈妈张开嘴巴欲言又止，丁丁把妈妈请出房间，关上了门。

门才关好，大刘就冲着丁丁不停地吐舌头，丁丁说："你现在知道我妈有多么唠叨了吧，也知道我说的每天生活在炼狱中是什么意思了吧？！"大刘非常同情地拥抱了丁丁一下，似乎深感丁丁之苦。

毫无疑问，丁丁对于妈妈的唠叨已经有了免疫力，那就是不管妈妈怎么唠叨，他都充耳不闻，该做什么就做什么。即使妈妈的唠叨过分了，伤害了丁丁的自尊心，他也依然什么都不说，对妈妈采取消极抵抗的方式。所以，丁丁放下了自己手中收拾了一半的泳衣泳裤，索性和同学一起玩游戏，以此让妈妈更生气。从另一个方面来讲，妈妈的唠叨还会无形中给孩子贴标签，让孩子觉得自己就是慢性子的人，接受了这个慢性子的身份暗示，因而对于现状不愿去改变。

正如丁丁所表现的那样，唠叨不仅会使孩子产生免疫力，还会让孩子感受到不被尊重，因而脆弱的自尊心受到伤害，产生对妈妈的敌对心理，这也就可以理解丁丁为何要与妈妈对着干了。换个角度，即使妈妈的唠叨没有伤害到孩子，一旦孩子对妈妈的唠叨产生依赖性，不管做什么事情都需要妈妈千叮咛万嘱咐，那么孩子必然拖拖拉拉，变成真正的慢性子。总而言之，智慧的妈妈们一定要自我反省，从而避免成为爱唠叨的妈妈。要知道，话不在多，而在于精。哪怕说出千百句话来，如果都不入孩子的耳朵，反而招致孩子反感，那也是毫无效果的。反之，即使只说一句话，只要能被孩子听到耳朵里、记在心里，那么这一句话也胜过千言万语。当妈妈说得越来越少而精，日久天长，必然会发现孩子的拖拉行为有了好的转变，孩子也会成为自尊、自重、自律的人。

3.以身作则，父母给孩子树立好榜样

常言道，父母是孩子的第一任老师。的确，孩子从出生开始就在父母的照顾和保护下长大，而且孩子是天生的模仿高手，所以在不知不觉中受到父母很大的影响。如果说孩子是一张白纸，那么父母就是一位画家，要先在孩子这张白纸上着笔。只有孩子渐渐长大，拥有自己的思维，也变得更有主见，才会成为自己人生的画家。

从呱呱坠地开始，孩子无时无刻不在成长之中。随着孩子的成长，人生画布上的形象越来越丰富，孩子的个性也渐渐明朗。很多人都喜欢孩子纯真可爱的样子，尤其是父母更想让孩子变成自己所期望的样子。但是，孩子不是父母的私有品，也不可能完全按照父母期望的样子成长，而父母最重要的任务不是改变孩子，而是根据孩子的本性和特点，引导孩子，让孩子获得更好的成长。

有些父母对于孩子这幅画卷感到不满意，其实孩子并非天生就是现在的样子，而孩子之所以成为如今的模样，是因为孩子经受了父母的影响和塑造。尤其是年幼的孩子，受父母影响的程度更深。因而要想让孩子从小就养成良好的习惯，杜绝拖延，父母首先要以身作则，成为孩子的榜样，才能对孩子产生积极的影响。很多父母抱怨孩子拖延，却不知道他们自己因为工作忙碌，对待家务总是一拖再拖，导致家里乱糟糟的，孩子缺乏整洁有序的生活环境，最终不但会养成拖延的坏习惯，而且也会对生活的面

貌存在误解，觉得生活本来就应该是这样混乱的。这样一来，孩子未来的人生也会有类似的习惯，要想变得干净利索就很难了。所以人们常说，如果妈妈邋遢，女儿也必然很邋遢，如果爸爸窝囊，儿子也会窝囊，这就是父母对孩子的负面影响。要想让孩子戒除拖延，父母就要给孩子树立榜样，身教大于言传，在父母榜样的作用下，孩子才会养成好习惯。

妈妈特别喜欢睡懒觉，所以在入园之前，西西也很爱睡懒觉。每天晚上，因为爸爸下班晚，西西总是要等到十一二点才睡觉。每天早晨，爸爸去上班了，西西和妈妈一起睡到日上三竿，才懒洋洋地起床。本来，妈妈准备在西西3岁半入园之前先改正作息习惯，和西西一起习惯早睡早起的。但是妈妈晚上也睡得晚，早晨未免觉得困倦，最终这个入园的准备工作也就不了了之。直到入园的第一天上亲子课，西西和妈妈还迟到了呢。

一直以来养成的坏习惯，使西西上了幼儿园之后起床很困难。妈妈原本觉得幼儿园不重要，再加上自己也喜欢睡懒觉，所以总是接二连三地迟到。后来老师强烈要求每个孩子入园都不要迟到，才引起妈妈的重视。为了帮助西西早一些起床，妈妈一开始躺在温暖的被窝里喊着西西，但是效果很差，西西在被窝里不停地躲闪，有的时候还会故意用被子蒙住脑袋，不听妈妈喊她。后来，妈妈意识到自己这样躺在被窝里喊西西不行，因而向其他家长取经，最终改变方式。西西需要7点半起床，妈妈自己7点就起来了，把窗帘拉开，让屋里变得明亮。果然，西西起床变得容易一些了，因为她看到天已经亮了，而且妈妈都已经起床准备好一切了。就这样，渐渐地，在妈妈的带头作用下，西西改变了起床难的习惯，越来越喜欢早点去幼儿园里和小朋友们一起玩了。

对于起床难的孩子，父母躺在被窝里喊他们起床，显然太缺乏说服力了。就像事例中西西的妈妈，后来改变了自己的懒散和拖延，才有效地帮助西西克服了起床难的问题。当然，除了以身作则之外，妈妈早些起床的好处也很多。例如，可以提前给孩子做好早饭，用食物的香味诱惑孩子起床；也可以打开音乐，让孩子意识到美好的一天开始了。总之千万不要粗暴地催促或者喊醒孩子，否则孩子会在糟糕的心情中开始新的一天。

除了帮助孩子养成不拖延的习惯之外，父母还可以引导孩子体会高效生活带来的好处。例如，有些孩子写作业一直拖延，那么父母可以创造便利的条件，让孩子在写完作业后能够有丰富的课余生活，体会到高效率完成作业的好处，这样孩子自然会主动积极地完成作业，也就不会再拖延了。

总而言之，父母对于孩子的影响是非常大的，父母不但是孩子的榜样，也是孩子的镜子。正如有人曾经说过的，任何人在成为父母之后，都要对自己的言行举止负责。所以，每一个父母都要当好孩子的榜样和镜子，对孩子的成长起到积极的推动作用。

4.教育孩子，父母一定要统一战线

现在，随着社会对孩子的教育越来越重视，很多父母在对孩子进行家庭教育时都会产生分歧，严重的还会因此而爆发家庭矛盾和纠纷。其实，不管是爸爸还是妈妈，或者有一些家庭中还有负责带孙子的爷爷、奶奶及姥姥、姥爷，管教孩子的初衷都是为了孩子好。既然目的是相同的，那么负责管教孩子的几方面力量就不要相互冲突，而要取得一致，这样才能保证家庭教育集中力量，起到最好的效果。否则如果爸爸要往东，妈妈要往西，孩子到底听谁的姑且不说，孩子的心中也会因此产生混乱，导致爸爸妈妈在孩子心目中都失去威信。明智的父母知道，哪怕在教育孩子的问题上产生分歧，也不能当着孩子的面争吵，而是要背后进行友好协商，在取得一致之后，才能同心协力教育孩子。

在孩子稍大一些时，智力发育到更高的水平，心眼儿也变得更多。如果他们发现父母在教育他们的问题上有分歧，根本没有统一战线，那么他们一定会钻空子，不但给父母制造矛盾，也会找“理所当然”的借口故意拖延下去。这样一来，家庭教育就会失去统一战线，别说正面的效果了，还有可能导致事与愿违，产生负面的效果。所以在发现彼此之间意见有分歧的时候，爸爸妈妈一定要好好商量，从而总结出一个对孩子更好的方案，展开对孩子的教育，千万不要因为意见不合就争吵，甚至我行我素，让孩子受夹板气，或者被孩子钻空子。从某种意义上来说，家庭也就是一个小的国家，需要统一制度，才能规范管理。否则，如果家里只有三口人还施行多头管理，如何能在很多事情上达成一致呢？尤其是对于缺乏主见的孩子而言，更是不知所措。要想让孩子成长不迷惘，父母一定要针对孩子的教育问题达成共识，也一定要杜绝在孩子面前产生争议和分歧。不同的意见会让孩子发现这个家长之间的不同从而出现在这中间的等待选择，慢慢形成了该完成的事情不完成，该做的决定不做，以致慢慢形成拖延。不同的意见还会让孩子不知道听谁的，以致在执行一个人的指令时还想着另外一个人的意思，做事的专注力得不到保证，慢慢地形成效率低下的坏习惯。

为了默默的教育问题，爸爸妈妈不知道吵了多少次架。妈妈总是对默默盯得太紧，要求也很高，逼得默默一学习就头疼。爸爸常常劝说妈妈不要强求默默，可以给默默创造更好的条件，但是每个孩子天赋不同，不能要求默默必须向第一名看齐。当然，爸爸也有些处理不当，因为他每次指责妈妈教育方法不当的时候，都是在妈妈逼得默默太紧而爆发母女冲突的时候，这样一来，默默心中对妈妈自然更加不满，也因为有了爸爸撑腰，根本不愿意服从妈妈的安排。

有一次，妈妈正在训斥默默月考的成绩太差，爸爸又在旁边说开了，妈妈当即与爸爸爆发了激烈的争吵："你别给我在这里当好好先生！你只会说好听的，闺女的学习你管过几次？你要是想管，以后就都由你来管，我心脏病都快气犯了，你还在这里说风凉话！"趁着妈妈斥责爸爸，默默悄悄地溜回自己的房间，并没有按照妈妈所说的那样订正试卷，完成家里准备的复习题。和爸爸吵架之后，妈妈去默默的房间检查作业，发现默默正在看课外书，不由得更加火冒三丈："你考得这么差，还有心思看课外书？你作业写完了吗？"默默一脸无辜地说："妈妈，你刚才没说让我完成课外作业啊！我以为我就听爸爸的，不用写了呢！"妈妈这才想起自己刚才气昏了头，作业还没布置完，就开始与爸爸吵架了。检查了默默的作业本，妈妈发现默默连她之前已经布置好的作业都没写，不由得暗暗想道："这个小鬼头，原来是在钻空子！"但是妈妈已经没有力气吵架了，因而直接通知默默："以后你的教育问题归我一个人管，你就听我的。"

事后，妈妈与爸爸和好，把这件事情告诉了爸爸。爸爸不由得暗自好笑：这个丫头，看来是学聪明了！不过，妈妈义正词严地告诉爸爸："以后，默默的学习归我主管。如果你有什么意见，可以背后告诉我，但是不能当着默默的面否定我。否则，默默钻了空子，就算被批评了，也无法起到很好的效果。"爸爸对妈妈的话很赞许，连连点头。

现实生活中，因为孩子的教育问题，父母之间发生争吵的不在少数。不懂教育心理学的父母当着孩子的面吵架，导致教育毫无效果；明智的父母背着孩子吵架，这样才能在教育问题上统一战线，才能更好地教育孩子，避免孩子钻空子而故意拖延。

爸爸妈妈之间，哪怕不是争吵，而只是小小的分歧，只要是关于孩子的，也不要在孩子面前表现出来。否则孩子一旦发现自己可以不听妈妈或者爸爸的话，就会不信服爸爸妈妈，也会导致对爸爸妈妈的一切教育和教导都不放在心上，由此使得家庭教育效果很差。特别是当孩子身上出现问题，爸爸妈妈督促孩子改正时，意见不一致更会导致孩子无限拖延下去，甚至对爸爸妈妈所说的一切话都完全不放在心上。当然，有时候爸爸或者妈妈教育孩子的做法未必对，即便在这种情况下，一方也不要当着孩子的面指责另一方，而要在事后与另一方认真沟通，达成一致。有很多家庭里的爸爸妈妈经常一个唱红脸，另一个唱白脸，这样一个人可以严厉教育孩子，另一个人可以帮孩子求情、“和稀泥”、给孩子台阶下，让孩子知道父母对于孩子的严厉和宽容，让孩子更愿意接受父母的意见和建议，从而积极地改正自己的不当言行。

5.隔代疼爱，让孩子的拖延变本加厉

“你要是敢打你的儿子，我就打我的儿子！”为了保护孙子，曾经有爷爷追赶孙子的爸爸——自己的儿子，口中念念有词如是说。看到这样的描述，我们的脑海中马上就会浮现出一幅生动形象的画面，即爷爷隔代亲，

为了疼爱孙子，不惜阻止自己的儿子——孩子的爸爸教育孩子，难免让人啼笑皆非。

现代社会，父母盼望子女成才，因而对于孩子的教育问题也越来越重视。但是在一个家庭之中，并非某个人就能说了算，这也直接导致当父母教育孩子的时候，不管是姥姥姥爷还是爷爷奶奶，都会横加干涉，甚至因此引发了家庭矛盾。那么，教育孩子到底是谁的责任呢？毋庸置疑，从血缘关系上来说，父母当之无愧是孩子的监护人，也是孩子的教育者，那么父母就要排除万难，对孩子进行教育。

有些父母也非常苦恼，尤其是和老人一起生活、由老人主要负责带孩子的家庭中，老人往往弄错了自己的位置，觉得自己既然带孩子，那么就有权利对孩子的教育问题指手画脚。而且自己还是孩子爸爸妈妈的长辈，那么教育孩子就应该听老人的了。其实，这种观念完全是错误的。随着时代的发展，老人大多数已经退休在家，他们常常用自己过去的经验教养孩子。在这种情况下，老人可以负责孩子的吃喝拉撒，至于孩子的教育问题，还是应该交给父母来完成。而且，人世代繁衍，当了父母，就必然要承担起教育孩子的重任。偏偏现代社会中，有很多家庭都因为老人的隔代疼爱，导致孩子的教育问题成为两难问题，也使得孩子在祖辈的庇护下变得更加任性。很多需要解决的问题和应改正的缺点，也会肆无忌惮无限制地拖延下去。可以说，一个家里一旦发生文章开头描述的情形，父母对孩子的教育根本就无法正常进行下去。这样一来，家庭教育的质量也会大打折扣。

那么，父母如何才能正常进行家庭教育，而避免老人隔代疼爱和宠溺孩子呢？如果有条件，妈妈亲自带孩子当然好；如果不具备条件，妈妈必须去上班，那么把孩子交给老人带，就必须针对教育问题与老人进行友好的沟通和协商。其实，大部分老人还是很通情理的，而且他们也是为了孙子孙女好。相信只要爸爸妈妈把教育孩子的重要性说清楚，老人还是能够积极配合的。尤其需要告诉老人的是，在爸爸妈妈管教孩子的时候，哪怕老人看不惯，也不要当着孩子的面训斥孩子的父母，否则在孩子心目中父母就会失去威信，导致在以后的教育中不会收到应有的效果。老人有意见，可以等到教育结束后再与孩子父母私下沟通，这样既不影响教育效果，也使得沟通能够理智、顺畅地进行。总而言之，即使作为祖辈，也要维护父母在孩子面前的尊严，不要擅自对父母的教育指手画脚。

从出生后，乐乐就由姥姥姥爷一手带大，所以乐乐和姥姥姥爷之间的感情很深，甚至对姥姥姥爷比对爸爸妈妈还要亲。虽然这是一个大家庭，在一起生活，但是爸爸妈妈每天白天都要上班，有的时候加班回家乐乐都已经睡着了，所以也难怪乐乐更亲近姥姥姥爷了。

光阴飞逝，转眼之间乐乐已经上小学四年级了。姥姥姥爷无法辅导乐乐学习，所以爸爸妈妈开始接管乐乐的学习。然而，乐乐特别拖延，做什么事情都慢慢吞吞的。妈妈第一天看着乐乐写作业，就忍不住抓狂了。原来，乐乐写作业的时候一会儿吃个苹果，一会儿喝杯牛奶，过去了一个小时，却没写几个字。四年级的作业量很大，如果乐乐继续以这样的速度写下去，只怕要到晚上 10 点才能完成作业了。妈妈心急如焚，对着乐乐“河东狮吼”，姥姥马上过来护着乐乐：“他刚刚放学，中午在学校还不知道吃饱没有，肯定会感到饿的。吃点东西又不耽误多少时间，不要对孩子横鼻子竖眼睛的。”看到姥姥在这种关键时刻跑来了，妈妈更恼火，严肃地对姥姥说：“妈，你先回你屋。他中午在学校吃得很好，也吃饱了，不会这么快就饿了。他们班里的其他孩子，有很多都要等到晚上七八点才能吃上饭，因为他们的父母都上班，下班太晚。对于乐乐来说，五点半吃饭，中间根本不用加餐。”这时，乐乐钻了空子，马上说：“中午吃得不多，我放学就饿了。”姥姥为难地看着妈妈，但妈妈一脸严肃，姥姥没有继续说下去，而是识趣地回到了客厅。

为了纠正乐乐放学之后不停吃零食的坏习惯，妈妈花费了很大的工夫，连续好几天都用心地盯着乐乐，帮助乐乐提升写作业的效率。然而，这天放学还没写作业呢，乐乐又喊饿，姥姥赶紧拿着面包和牛奶送到乐乐房间。妈妈没有说话，给了乐乐10分钟吃东西。后来，妈妈私底下告诉姥姥：“妈妈，以后放学回家不要给乐乐吃东西。他长得那么胖、那么壮，一顿两顿饿不坏的。关键是要养成良好的学习习惯，否则写作业的时候三心二意的，本来作业就很多，要写到几点呢，睡眠时间也不够了。”姥姥觉得妈妈说的话也有道理，因而点点头。后来，姥姥渐渐控制自己，不再着急为乐乐提供食物了。

在这个事例中，乐乐刚开始时无疑是在钻空子，趁着姥姥为自己说话，就赶紧说自己饿了。幸好妈妈态度很坚决，知道帮助乐乐养成良好的学习习惯非常重要，因此丝毫没有妥协。后来，姥姥又给乐乐送吃的，妈妈在事后和姥姥沟通，也把话说得很清楚，最终得到了姥姥的理解，从而让自己对乐乐的教育能够顺利地推进下去。

家庭教育中，教育观念不一致，对孩子的影响是很大的。对于有老人帮忙带孩子的家庭来说，的确能够解决很多实际的困难，有利于孩子上学、爸爸妈妈工作。然而，要想避免隔代亲对孩子教育的影响，在家庭生活中，爸爸妈妈一定要提前和老人沟通好，从而在教育观点上达成一致，使得对孩子的教育事半功倍。爷爷奶奶也需要注意，哪怕再疼爱孙辈，为了孩子的成长考虑，也要更理智地爱孩子，千万不要让孩子养成在爸爸妈妈背后要小聪明、因为意见不同而故意拖延的坏习惯。只有帮助孩子养成好习惯，让孩子知道很多事情都是必须去做的，是自己的分内之事，哪怕再怎么拖延也是避免不掉的，孩子才会主动积极地做事情，消除自己的小心思，配合爸爸妈妈对自己的教育和安排。

6.不要给孩子贴上拖延症的标签

在对孩子进行教育的过程中，最忌讳的事情就是给孩子贴标签。不管是老师还是父母，都不要轻易给孩子下结论。孩子的身心发展还不健全，无法对大人的话作出准确的判断。又因为孩子最依赖和信任的就是父母，所以父母的话更容易给孩子造成影响，甚至误导孩子无法对自己作出正确中肯的评价。明智的父母知道，哪怕孩子真的很拖延，也不能给孩子贴上拖延症的标签，否则孩子非但无法改变拖延的状况，甚至还会因为认定自己的本质就是拖延，因而在拖延方面变本加厉，因为在意识中一旦接受自己是拖延的人，就不会有意识地改变，反而会将自己的拖延合理化。

孩子毕竟还小，身心都处于发展的状态。孩子小时候理所应当表现出来的状态就是慢慢吞吞的，而且看起来很呆萌，有些笨笨的。比如，小孩子扣好一个纽扣就需要几分钟，穿好衣服差不多要用上半个小时，父母在看到这样的“小蜗牛”时，往往感到心急如焚，恨不得为孩子代劳。即使能勉强忍住不为孩子代劳，也会在一边不停地催促，最终导致孩子在父母一味催促下产生逆反心理，越来越慢。又或者认可了父母对自己的评价，因而心安理得地继续拖延下去。每当这时，父母往往感到很气愤，因而不合时宜的话也就脱口而出“你真是比蜗牛还慢，我怎么生了你这个拖拉鬼呢”！有的父母还会说“你成天都磨磨蹭蹭的，以后可怎么活啊，你难道天生就比别人慢半拍吗”？毫无疑问，类似的话虽然没有给孩子冠以“拖延症”的名字，却使得孩子变得更加缓慢，因为孩子已经陷入恶性循环，他们原本就缺乏社会经验和人生阅历，如今又被自己最信任的父母指责，可想而知他们根本没有信心耐下心来做事情了。尤其是父母的负面定论，更容易打击孩子的自信心，使孩子对自己无所适从。

大学同学十年聚会，女生基本都已经当妈妈了。每个女生说起自己的孩子，全都是一副眉飞色舞的模样，都觉得自己的孩子是最优秀的，是无人能及的。然而，一个女生无意间说起孩子的拖延，马上把这一场对孩子的赞美大会变成了对孩子的控诉大会。几乎每个妈妈都在控诉自己孩子的拖延，甚至觉得自己是不是抱错了孩子，为何自己以前那么风风火火的，生出来的孩子却比蜗牛还慢呢！

曾经的班长——如今的妈妈更是立刻从得意扬扬显摆孩子急速切换成一副恨铁不成钢的样子：“我家孩子就有拖延症，典型的拖延症，真的没有谁比他更能拖延了！”听到班长的话，一位路过的男生突然插嘴进来：“班长，你所说的拖延症可是不具有代表性，你要区分，是你太快还是孩子慢，你是否留意到，你的节奏太快了。别说那几岁的孩子了，就算是我们当时也完全跟不上你啊！你就别为难孩子了，为难他的话节奏就更慢了。”原来，这个同学大学毕业后当了老师，所以深谙儿童心理学，再加上知道这位老班长的作风，因而给出了善意的提醒。女生们马上邀请这位已经当了爸爸且对教育特别有心得的男生也加入讨论。这位男生告诉女生们：“你们女人总是容易情绪冲动，当然这有一部分归咎于你们的性格特征。但是有了孩子之后，孩子本身就是慢的，不可能跟得上大人的节奏，所以要想当好妈妈，就要放缓自己的节奏，让自己适应孩子的节奏，这样才能避免给孩子造成紧张和压迫感。尤其是在冲动的情况下，千万不要口不择言，更不要给孩子贴标签，因为孩子对自己的认知和定义还不成熟，很容易受到朝夕相处的妈妈论断的影响。”这个男生话音刚落，女生们全都鼓起掌来。很多女生啧啧感叹：“真是听君一席话，胜读十年书啊！我们经常忍不住给孩子贴标签，看来真是大错特错了，马上改，马上改，没想到我们这些妈妈还不如你这个爸爸在行呢！那句话真没说错，活到老，学到老。”

很多孩子都有拖延的表现，越是低龄的孩子速度越慢，这种现象对于孩子而言是完全正常的。任何时候，作为父母，本着对孩子负责任的态度，不要随意给孩子贴标签，否则孩子就会因为受到心理暗示，渐渐变得越来越符合标签的定义。记得曾经有人说，如果你想让一个人变成你所期望的样子，那么你就要像自己所期望的那样去表扬和赞美他。从心理学的角度来说，贴标签和赞美对于人的心理暗示作用一样，因此父母一定要对孩子谨言慎行，不要因为一着不慎就对孩子造成负面影响。

父母必须区分清楚的是，虽然拖延的显著特征就是慢，但是有些孩子的慢并非是故意拖延，而是因为能力不强导致的。举个最简单的例子，妈妈做家务轻车熟路一定很快，而孩子做家务，哪怕只是简单的扫地，也会因为不擅长，导致花费了很长时间而没有完全做好。妈妈要知道，让孩子扫地重要的是让孩子在做家务的过程中学习做家务，孩子根本不可能一开始就又快又好地完成家务，因而只要孩子态度端正，积极地去做，也能够竭尽所能地做就足够了。只有在孩子心有余力的情况下，父母才能提高对孩子的要求，让孩子做得更快、更好。记住，面对孩子的拖延，首先要区分是否真是拖延，还是父母以为的拖延，即使孩子确实有点慢，父母也要鼓励，而不是指责和批评，更不是肆无忌惮地打击和否定。

7. 马上，马上，不要让孩子误解“马上”

大多数父母都觉得孩子拖延，殊不知孩子也会嫌弃父母拖延。很多时候，父母和孩子一起做某些事情，或者孩子需要父母帮忙，父母总是以手中做着家务或者还有工作没有完成为由敷衍孩子：“马上就好，马上就好，乖乖等着。”孩子还小，对于马上并没有准确的概念。在数次被父母敷衍之后，孩子渐渐地就会觉得马上是很长的一段时间，需要经过漫长的等待，因而他们也就学会了“马上”的错误用法。

孩子正处于身心快速发展的阶段，自身的能力得到不断地提高，身心也渐渐变得成熟。年幼的孩子对于很多概念都没有正确的理解，因而始终处于对外界的观察和认知之中，观察身边的人是如何做的，观察父母是怎样说话的。当孩子对“马上”产生误解，如何能够正确使用“马上”呢？其实从这个角度而言，孩子还是受到父母的影响，所以才变得拖延。

此前，妈妈给子子规定每天晚上 8 点半洗漱，9 点准时上床熄灯睡觉。子子对于这样的安排也表示同意，但是坚持了没多久，他就因为贪玩不愿意再坚持了。这不，到了 8 点半，子子还在假装没事人一样聚精会神地看电视。眼看着时间已经过去了 10 分钟，妈妈实在忍不住提醒子子：“子子，已经八点四十了。”子子头也不回地说：“知道了，马上！”这一个马上，转眼之间时间又过去 10 分钟，子子的屁股依然黏在沙发上，不愿意挪动分毫。妈妈接着又说："好吧，子子，'马上'是什么意思？"

子子听到妈妈突然问这个问题，有些惊讶，说："'马上'就是很快的意思。"妈妈问："但是，你都已经说'马上'很长时间了。"子子无辜地说："你和爸爸告诉我'马上'的时候，也会过去很长时间啊。我以为你已经默许我再看一会儿电视，等我把这个电视节目看完呢！"已经读三年级的子子伶牙俐齿，把妈妈说得哑口无言。沉思片刻，妈妈只好说："对不起，我和爸爸向你检讨，不应该用'马上'敷衍你。但是我现在必须严肃地告诉你，子子，'马上'就是立刻的意思，就是不再拖延的意思。以后，我和爸爸不会以'马上'敷衍你了。"子子若有所思，说："那这次我还有十分钟看完这个节目，以后我说'马上'就是立刻。"妈妈点点头。

因为爸爸妈妈总是以"马上"这个不量化的词敷衍子子，导致子子对于"马上"产生了歧义，以为所谓的"马上"就是还要拖延和等待很长时间的意思。妈妈也意识到子子所说的"马上"是因为受到自己的影响，所以当机立断，赶紧向子子说明情况。不得不说，这个妈妈勇于承认错误的精神是值得每一个父母学习的。

父母只有身体力行，才能以身示范，给孩子树立好的榜样，帮助孩子了解"马上"的意思，让一些模糊的时间字眼不出现在生活中，从而帮助孩子远离模糊时间概念而引起的"拖延"。尤其是在与孩子说话的时候，因为孩子是一张白纸，而且非常信任和依赖父母，父母更要谨言慎行，不要随随便便就说一些可能带来不确定的机会甚至是给孩子的心理带来紧张压力和阴影的话。唯有父母做得好，孩子才能学得好。人们常说，孩子是父母的镜子，孩子的很多问题都折射出父母身上的不足，所以作为父母也要学会自我反思，才能在养育孩子的过程中不断进步。

第二章
拖延的孩子有话说：其实我也不想拖延

如果你问拖延的孩子为何拖延，他们一定是一头雾水，有的孩子根本不知道何为拖延，有的孩子不知道自己正在拖延，有的孩子虽然经常被批评拖延，实际上心里也是不想拖延的。那么孩子为何还频繁表现出拖延呢？其实，他们也有自己的苦衷。父母要想帮助孩子更好地消除拖延，首先要弄清楚孩子拖延的原因，所谓解铃还须系铃人，唯有走进孩子的内心，打开孩子的心扉，才能真正从心理上解决孩子的拖延问题，消除引起拖延的诱因，从而帮助孩子戒除拖延。

1.不要逼我做不喜欢的事情

人们常说，兴趣是最好的老师。的确，对于喜欢做的事情，哪怕付出再多，我们也不会觉得累，反而越干越高兴，恨不得立刻见到效果。对于不感兴趣的事情，我们往往提不起兴致来，也不愿意过多地付出，从而导致做事情效率很低，总是一波三折，有的时候还会事与愿违。这一切都向我们证实，兴趣的确是最好的老师，即使对于具有理性的成年人也是如此，更别说对于缺乏理性的孩子了。面对感兴趣的喜欢做的事情，孩子更容易遵从自己的本心，做出本能的选择，也会因此而督促自己不断努力。相反，对于不感兴趣的、不喜欢做的事情，孩子就会无限拖延，因为孩子的申诉往往不被父母重视，在无力改变现状的情况下，孩子自然会采取消极抵抗的方式。

父母们往往不理解，为何面对每天都必须去做的事情，如放学之后完成作业、睡觉之前洗漱，孩子都会特别排斥。实际上，父母都在想：既然有些事情注定要做，与其被催促着做，还不如主动完成。比如，晚上洗漱完了，就可以放心地玩到睡觉的时间，孩子为何非要拖延到被再三催促才勉为其难地去做，甚至还因此遭受父母的批评和训斥呢？看似简单的道理，孩子未必能想得明白，而且如此达观的人生态度，更不是孩子能具备的。从这个角度而言，父母要更多地理解孩子简单直白的选择——如果不能彻底拒绝自己不喜欢做的事情，那就尽量拖延，能晚一些就尽量晚一些去做，这其实是人趋利避害的本能在发挥作用。

孩子都有逆反心理，面对不喜欢做的事情，如果父母总是催促孩子去做，孩子就会变得叛逆，更加不配合父母的安排。这种情况下，父母不要强迫孩子，更不要逼孩子。孩子虽然小，也有自己的想法，也是独立的生命个体。唯有采取合适的方法引导孩子或者真正说服孩子，孩子才会心甘情愿听从父母的话，发自内心接受父母的安排。

其实，孩子之所以采取这种消极怠工的态度——用拖延来对待不喜欢的事情，主要是因为很多父母都无法做到尊重孩子的意愿和选择。如果孩子对于自己不喜欢做的事情，坦言告诉父母“我不想做这件事情”，父母能够听从他们的意见吗？如果不能，而且总是否定孩子的态度时，孩子就不会再说，而是无限拖延。所以要想从根源上解决孩子的拖延问题，面对孩子不喜欢做的事情，父母不要总是打着为孩子好的名义和旗号强迫孩子。当孩子敢于说出真话时，父母要尊重他的选择，他才会变得越来越勇敢地面对问题，而不会再逃避和畏缩。

自从上了小学三年级，子子的语文成绩就一落千丈，而且他还经常“忘记”带作文本，导致老师不得不向其父母反馈这种情况。老师打电话给子子妈妈：“子子妈妈，子子每次写作文都忘记带作文作业本，到底是为什么呢？希望你们父母能督促他一下，让他不要总忘记带作文本。而且他的作文写得不太好，需要多加练习。”妈妈一听老师这么说，再回想起子子每次写作文的时候愁得唉声叹气的样子，马上就知道问题出在哪里了。因而她当即向老师表态：“放心吧老师，我一定会大力督促的。”妈妈当然知道，子子是因为不喜欢写作文，所以作文作业总是拖延完成。每次拖延完成作文之后，他不得不向老师撒谎，说自己的作文忘记带了。

妈妈和爸爸说了子子的情况，爸爸很重视，说：“三年级是一个转折期，孩子在语文学习方面开始接触作文，所以必须重视。否则一旦作文跟不上，以后语文成绩就很难提高了。”妈妈也表示认同。他们没有急于督促子子写作文，而是想方设法激发起子子对于写作文的兴趣，也尽量抓住休息的时间带着子子多走走看看，感受自然的美好，增加子子的生活阅历和经验。一天，爸爸带着子子去了海底世界，这是子子一直都梦想着去的地方，因而子子很兴奋。参观完海底世界的当天下午，爸爸对子子说：“子子，还有很多同学没有去过海底世界，你能把自己参观的经历写下来，让同学们也了解海底世界吗？他们一定会非常羡慕你！”子子觉得爸爸说得很有道理，当即提笔开始写游记。出乎子子的预料，他居然写了五百字，要知道平日里哪怕让他写三百字都是很困难的。子子兴奋地把自己写的游记给爸爸看，爸爸由衷地夸赞他：“这就是你的真情实感，读起来非常生动，就像跟着你游览了一次海底世界一样。”子子得到爸爸如此高的评价，兴奋极了。

对于不喜欢写作文的子子，爸爸借助于海底世界一日游成功激发了子子对于作文的兴趣。相信在这样运笔如飞地完成一篇游记之后，子子再写作文的时候就不会那么发愁了。孩子正处于积累的阶段，所谓量变引起质变，父母对于孩子的教育一定要坚持不懈、持之以恒，最终才能起到好的效果。

有些时候，孩子拖延也因为做完这个就需要去面对另外一个不喜欢的事情，曾经在我们的“卓越种子素养训练营”的一个孩子说她拖延的事情，她说做作业根本不想拖延，但是做完作业就需要去练琴，她根本不想练琴，所以就尽可能地把作业做到睡觉时，妈妈每次催，就用作业做挡箭牌，这样就可以逃避练琴。孩子的每一个行为背后父母能否读懂其意图，还是自以为是地贴标签？

父母需要注意的是，孩子对于自己不喜欢做的事情，总是会想出千奇百怪的借口拖延下去。父母唯有了解孩子的内心，才能识破这些以不同形式出现的借口。当然也不要当面戳穿孩子，要在了解孩子的心理之后有的放矢解决问题。要想从根本上解决孩子的拖延，父母最根本的办法就是不要拖延，不要逼孩子做不喜欢的事情。虽然父母是孩子的养育者和引领者，但是也要尊重孩子的意愿，不能凡事都代替孩子做主，而是透过开启、唤醒孩子的内在驱动力，赋能量予孩子，让孩子真正体验到来自内在的驱动力，让孩子感受到被爱、自由、尊重，同时尊重、爱与自由是孩子成长的最好养料，也能真正滋养孩子的心灵，让孩子快乐成长。

2.万一做不好，我该怎么办

每个人都渴望获得成功，得到他人的认可和肯定，却常常忽略了孩子在这个方面的心理需求，认为孩子还小，并不过分追求这些。事实上，孩子也希望得到他人的认可和肯定，从而得到他人的赞美，成为他人瞩目的焦点。即使孩子对于成功的渴望表现得没有那么强烈，他们的心中也希望被嘉许。有很多孩子在生活和学习中拥有强烈的表现欲，正意味着他们对于嘉许、认同的渴望。然而，近情情怯，当孩子太在乎表扬、认同和他人的眼光时，他们便从自信走向另一个极端，即过于在乎事情的结果，因而变得畏首畏尾，对自己缺乏信心。他们不停地问自己：“我要是失败了，我如果做不好，该怎么办？”有些心思细腻的孩子还会想：“别人会怎么看我呢？会不会嘲笑我呢？”正是这过多的思虑导致孩子们越来越束手束脚，不能勇敢地面对一些事情，甚至产生了逃避和畏缩的心理。

还有些孩子得到父母或者老师的赞美，足足能兴奋好几天的时间。而一旦被父母或者老师否定，他们又会觉得特别沮丧，深受打击。在这种情况下，他们根本无法坦然地面对批评、否定等一切负面的对待，这使他们心理上很脆弱，也使他们面对失败无所适从。这样一来，他们必然在意识到有可能得到否定、批评或者遭遇失败时，采取拖延的态度，不愿意勇往直前。生活中，有很多孩子特别害羞，不管做什么事情都止步不前，其实这也是他们因为恐惧失败而拖延的表现之一。对于这样的孩子，父母首先需要鼓励他们，帮助他们鼓起信心和勇气。必要的时候，父母还可以先给孩子示范，从而让孩子见证整个过程，以此打消孩子心中的疑虑，让孩子正确对待结果。父母首先要知道结果是一面镜子，结果不等于孩子，不等于这个人，只是在结果中发现孩子掌握了什么。要让孩子知道即使做不好也不会影响孩子的被爱、被嘉许，没有什么严重的后果。

一年级的小伟非常胆小，也许是因为习惯了父母无微不至的照顾，他不管做什么事情都需要父母陪伴。在国庆期间，为了开拓小伟的眼界，爸爸妈妈带着小伟去张家界天门山游玩，让小伟饱览大自然的鬼斧神工和壮丽景色。当来到天门山赫赫有名的玻璃栈道前时，小伟不由得感到两腿发软，根本不敢往上走。爸爸看着小伟胆战心惊的样子，鼓励他说："小伟，爸爸和你一起走，好不好？"小伟摇摇头，不愿意和爸爸一起尝试。

爸爸耐心地问："你是担心玻璃碎掉吗？"小伟点点头，爸爸笑着说："这些玻璃都是钢化玻璃，是非常结实牢固的。就算有很多人一起走，承重方面也没有问题。"说完，爸爸走到玻璃栈道上，在玻璃栈道上高高地跳起来演示给小伟看。看到爸爸那么大块头走玻璃栈道都没有问题，小伟终于放下心来。在爸爸妈妈一左一右的保护下，小伟勇敢地走上玻璃栈道。

显而易见，小伟战胜了内心的恐惧，觉得非常有成就感，因而兴奋地对爸爸妈妈喊道："我做到了，我做到了！"的确，小伟做到了。也许对于他而言，这不仅仅是一个小小的进步，而是勇敢地在人生路上前行了一大步！

很多孩子拖延并非故意为之，而是因为对于未知的恐惧和排斥。当父母成功打消孩子心中的疑虑，就像事例中小伟的爸爸一样以实际行动告诉小伟并没有危险，小伟才会更勇敢、不畏缩。当然，孩子畏惧的也并非都是具体的危险，诸如批评、否定、挖苦、讽刺和嘲笑等，都是孩子不愿意面对的。所以，父母在与孩子沟通的时候，一定要避免语言暴力，不要因为自己无心的话或者举动给孩子带来巨大的心理压力。更不要经常批评孩子，要知道对于孩子而言，信心和勇气是比成功更重要，也更宝贵的。

对于心怀恐惧的孩子，父母除了自身有意识地给孩子树立榜样之外，还要引导孩子从其他人身上学习经验。诸如引导孩子向更勇敢的人学习，告诉孩子可以模仿他人成功的经验，或者多多向他人请教。这些方法都卓有成效，能够帮助孩子迅速提升自己的勇气和力量，变得更加坚定，执着向前。当然，为了让孩子无所顾忌，父母还要向孩子表态，告诉孩子即使做不好也没有关系，毕竟每个人都是在错误中成长的，都要踩着失败的阶梯前进。

3.我不想改变，只想保持原样

在熟悉的环境里，人们总是能够获得安全感，也能感受到温暖和舒适。一旦环境改变，就算是成年人也需要适应很长一段时间，更别说是孩子了。所以，很多孩子内心深处都恐惧改变，为了保持原样，他们无法做出有效的决定和选择，就只能拖延。

从心理学的角度而言，拖延的确会给人们带来压力。周围的环境一旦改变，人们就需要重新调整自己去适应环境。而调整并不是简单的一件事情，涉及方方面面。对于孩子而言，调整的难度很大。尤其是当发生让孩子难以接受的改变时，孩子既无法阻止改变的发生，又不得不硬着头皮迎接改变，就会产生畏难情绪，也会发自内心地排斥和抗拒改变。很多孩子在幼儿园转园，离开了熟悉的校园，来到陌生的校园里，面对完全陌生的老师和同学，胆小、害羞的孩子很容易感到焦虑不安，甚至哭闹着不想去幼儿园。这就是孩子拖延行为的表现之一，他们在以自己的方式抗拒改变，想要回到之前熟悉的环境之中，这种情况下，父母该怎么办呢?

3 岁半的甜甜在第一家幼儿园上了一个学期，因为搬家，不得不转到新的幼儿园。面对全新的幼儿园，甜甜感到很焦虑。她根本不认识新幼儿园里的老师和同学，而且中午睡觉的小床也变了。去新幼儿园的第一天，甜甜很懵懂。第二天，她就开始哭闹，口中不停地喊着：“我不要去这个幼儿园，我要去我的幼儿园。”甜甜心中对之前的幼儿园还是很认可的，因而将其称为“我的幼儿园”。对于甜甜的排斥和抗拒，以及因此引发的拖延入园，爸爸妈妈表示很理解。妈妈想起自己换新的工作单位时，心中也很忐忑，只是因为理智的约束，所以才能按时去报到，也逼着自己慢慢适应。但是孩子是感性的，妈妈尽量站在甜甜的立场上考虑问题，意识到甜甜主要是因为惧怕生活的改变，因而决定申请陪伴甜甜入园几天，帮助甜甜一起适应幼儿园。

在适应阶段，妈妈告诉甜甜，一切并没有改变。还是和小朋友们一起吃早饭和午饭，还是在幼儿园里睡午觉，然后妈妈就会来接甜甜回到新家了。甜甜听着妈妈的讲解，心中的焦虑渐渐消除，也在妈妈的引导下意识到自己的生活不会有太大的改变，还能认识很多新朋友，因而就不再抗拒去新幼儿园了。看着甜甜恢复了以往的状态高高兴兴地去幼儿园，妈妈觉得欣慰极了。

大多数情况下，孩子对于人际关系的适应能力还是比较强的。因为他们与小朋友总是“自来熟”，哪怕初次见面，很快也会玩成一片，而不像陌生的成年人之间会觉得非常疏远和隔阂。所以对于环境的改变，如果孩子没有特别表现出排斥和抗拒，父母也无须过于强调。否则父母反而会强化孩子对于环境的认知，导致孩子更不愿意融入新的环境中。如果孩子已经像事例中的甜甜一样表现出焦虑的情绪和强烈的排斥，那么妈妈应该有足够的耐心引导孩子意识到改变，也确信改变不会是糟糕的。这样一来，孩子内心不那么抵触了，自然能够坦然接受改变。在父母对孩子的教育过程中，很多问题都是不能逃避的，或者说逃避不能解决问题。只有勇敢地面对，正面解决问题，才能让问题迎刃而解。

有些孩子对于改变的恐惧也是因为未知。很多父母总觉得孩子还小，不懂得什么，实际上孩子什么都懂，只要父母能够耐心向他们解释。因而，父母要端正心态，不要觉得孩子懵懂无知，就什么都不对孩子说。恰恰是这种有把握也什么都知道的状态，才能给孩子带来安全感，让孩子不再因为恐惧而心生焦虑。当孩子觉得心安，自然就不会在改变面前一味抗拒和消极地拖延。由此可见，要想真正改变孩子的状态，让他找到安全感，父母一定要积极帮助孩子，为孩子创造良好的心理环境。不要让孩子因惧怕改变，想保持原来的样子而产生拖延。

4. 爸爸妈妈，请你们关心我

孩子拖延总是有原因的，既有内在的心理因素，也有外在的客观原因。客观原因有很多，随着孩子年龄的增长，孩子的心理状态也越来越复杂，因而导致拖延的心理原因也渐渐细致。有很多孩子之所以拖延，不是由于性格导致的，而是为了引起老师或者父母的注意。这些孩子的内心非常敏感，也特别想在父母和老师面前有好的表现，因而很在乎父母和老师的评价。尤其是对于很多学龄前以及学龄初期的孩子来说，他们更崇拜父母，也很看重父母的评价。等到与老师的接触越来越密切，他们才会转而更崇拜老师。

在孩子转为崇拜老师之前，他们的世界里最重要的人物就是父母。因而他们渴望得到父母的重视和关照，渴望被父母认可和赞扬。当他们内心的需求得不到满足时，有些孩子就会通过调皮捣蛋的方式来吸引父母的注意，有些孩子则通过拖延的方式希望父母关注自己。面对孩子为了吸引父母注意力而表现出的拖延，父母要更加注重满足孩子的内心需求，从而有效缓解孩子的拖延症状。孩子再小，也是一个独立的“小宇宙”，也是特立独行的生命个体，也有自己的喜怒哀乐。唯有满足孩子的心理需求，让孩子的精神世界充实，给予孩子最大限度的安全感，孩子才会信任父母，才会在父母面前展现出最好的状态。在孩子小的时候心理营养充分，青春期的问题爆发才会少。

菠萝6岁了，成为一年级的小学生。从菠萝进入一年级开始，为了培养菠萝的家庭意识，也让菠萝具有一定的自理能力，妈妈给菠萝安排了刷碗的家务活。此外，如果菠萝能够主动扫地，还会获得小小的报酬。

菠萝一开始非常积极地刷碗，因为当他站在板凳上努力刷碗时，妈妈会一直看着他，而且还会不停地鼓励他、夸赞他。经过数次练习之后，菠萝刷碗的动作越来越熟练，可以独立刷碗了。这时，在菠萝刷碗的时候，妈妈会做一些其他的家务活。菠萝一个人孤单地刷碗，觉得很难受。有一天，吃完晚饭，妈妈开始做家务，菠萝又该刷碗了，他却拖延着迟迟不肯去。妈妈催促了菠萝好几次，菠萝要么装作没听见的样子，要么推三阻四。妈妈很疑惑：平日里菠萝对刷碗很积极啊，这是怎么了呢？妈妈放下手里的家务，坐到菠萝身边和他谈心。

在妈妈的耐心沟通下，菠萝终于委屈地说：“妈妈，你为什么不能陪着我一起刷碗啊，我一个人刷碗觉得很无聊。”妈妈恍然大悟，原来自己最近这几次都没有陪着菠萝刷碗，所以菠萝觉得自己受到了冷落，因而不愿意再积极表现了。妈妈赶紧答应菠萝：“好的，好的，妈妈陪着你一起刷碗，见证菠萝刷碗的家务活已经越干越熟练啦！”菠萝听完高高兴兴地去刷碗了，而且刷得很卖力呢！

孩子总是希望得到父母的肯定和认可，有的时候，父母几句表扬的话，就会让孩子兴奋好几天，也会充满激情地继续做好一些事情。但是父母否定的话或者忽视，则会让孩子觉得落寞，也觉得自己原本做好每一件事情的动力突然不足了。由此可见，父母的赞许在孩子心中有着沉甸甸的分量。面对孩子因为父母忽视而引起的拖延，父母的关注就是消除拖延症状最好的良药。

也许有些父母会觉得，孩子做的很多事情都是孩子的分内之事，父母根本无须表扬。但是，孩子就是需要这样持续的表扬，或者哪怕父母给出中肯的意见，也比忽略孩子，让孩子觉得自己被忽视或者没有得到重视更好。从这个角度来看，在亲子关系中，父母一定要积极主动地回应孩子，不要让孩子感受到冷漠和忽视。孩子的感觉也是很敏锐的，父母用心、用爱关心孩子，孩子一定会感受到，从而也以积极的态度回应父母，在我们“智见父母赋能对话”中有一个“一分钟教养法”，就是对孩子的行为在一分钟内做出正面回应。养育孩子从来不是枯燥乏味地完成某项任务，而是要用心关注、陪伴孩子，才能满足孩子的内心，让孩子精神和感情上都不贫瘠。

5.拖延的坏习惯，我也想改掉

没有人天生就拖延，大多数人的拖延都是在后天不知不觉中养成的坏习惯，是在生活和学习的过程中日积月累才渐渐形成的。当然，孩子也不可能天生拖延，有些孩子之所以比较慢，排除客观原因之外，还因为孩子内心的节奏就比较慢。孩子的成长是一个漫长的过程，也是一个缓慢的过程，父母要尊重孩子自身成长的规律，才能帮助孩子获得更好的成长。所以，当父母发现孩子有拖延的坏习惯时，一定不要先责怪孩子，而要观察孩子是否有坏习惯，才能从根本上解决问题。

实际上，如果孩子能够说出自己的心声，那么父母就会发现孩子对于自己的拖延行为也很苦恼。尤其是当孩子因为拖延而被父母否定或者批评时，他们也难免陷入焦虑之中，甚至怀疑自己，对自己失去信心。毫无疑问，孩子自身并不想拖延，习惯虽然具有惯性，但只要父母帮助孩子，孩子就能渐渐缓解拖延的症状。

幼儿园大班的豆豆，每天放学之前收拾个人物品和玩具时，总是拖延着不愿意马上去做。等到其他同学都迅速地把东西收拾好了，豆豆才慢慢吞吞地开始收拾，最终还要在老师的帮助下才能完成自己该做的事情。

老师对豆豆的表现很纳闷，因为其他小朋友顶多偶尔会拖延，豆豆却总是拖延，没有一次能够按时完成。不得不说，豆豆有拖延的坏习惯。在和豆豆妈妈沟通之后，老师得知豆豆在家里也总是磨磨蹭蹭的，因此，更加确定要想改变豆豆的拖延问题，必须从根本上改变豆豆的不良习惯。

一天下午，在放学之前，老师特意举行了收拾物品的比赛。听说奖品是一盒巧克力，向来特别爱吃巧克力的豆豆不由得怦然心动，使出了浑身的力量集中精力完成比赛。果不其然，豆豆虽然没有夺得冠军，却赢得了第五名的好成绩。老师给了豆豆一大块巧克力，作为最大进步奖的奖品。后来，老师时不时地就开展类似的速度竞赛，结果小朋友们一个个都打起精神来。当然，老师准备的奖品都是一些可爱的小零食，孩子们在各种竞赛活动中速度越来越快，豆豆的拖延习惯也渐渐改变了。

孩子也不愿意拖延，然而坏习惯的戒除和好习惯的建立一样困难。所以，一旦发现孩子有拖延的坏习惯，父母一定要用心地帮助孩子改掉坏习惯。对于已经入园的孩子，父母还可以与老师密切配合，根据孩子的情况有的放矢，引导孩子远离拖延。随着与老师相处的时间越来越长，孩子对于老师的评价会更加重视和在乎，这种情况下父母勤与老师沟通，配合老师帮助孩子戒掉拖延的习惯，也会事半功倍、卓有成效。

切记在发现孩子喜欢拖延之后，不要给孩子贴标签。很多父母对孩子表达的时候不注意自己的言行，导致不小心就给孩子下定论、贴标签，使孩子稚嫩的心灵里误以为自己天生就拖延，因而对自己放任自流，这样的后果当然是严重的。要想帮助孩子重新建立信心，也可以给他们看一些已经战胜坏习惯的事例，从而帮助他们更勇敢地与拖延做斗争。

让孩子从最简单的开始，也就是零起点，做到后马上给予孩子嘉许，这样建立正向链接，不断地提高标准，慢慢地开始提升孩子的速度。每一次让孩子聚焦在“我又提高了”，不断看见自己提高的能力。父母都希望孩子变得更加完美，那么就要朝着自己期待的样子去嘉许孩子，而不是总提起孩子的缺点和不足，以免孩子接受这个标签的暗示而自我合理化或者自暴自弃、破罐子破摔。从这个角度而言，为孩子建立自尊心，让孩子相信自己可以做得更好。

6.我的拖延到底遗传了谁

每当被孩子的拖延逼得要疯掉的时候，很多父母都是情不自禁地质疑自己："难道是我把拖延遗传给孩子的吗？否则孩子为什么小小年纪就拖延呢？"想到这里，原本拖延的父母就会心里犯嘀咕，也止不住地抱怨自己，"都怪我拖延，才会导致孩子也拖延"。而那些自身并不拖延的父母，则纳闷不已，"我做起事情来风风火火，为何孩子就这么拖延呢"？

从本质上来说，孩子是否拖延与遗传没有任何关系。与其说孩子是因为遗传了父母的特点才拖延的，不如说孩子是因为受到父母潜移默化的影响，才渐渐养成了拖延的坏习惯。如果父母根本没有拖延的坏习惯，那么不要再探讨所谓的遗传问题，而是努力寻找其他的原因吧！否则一旦被孩子听到父母说他们的拖延是遗传导致的，那么孩子就会找到借口不改变拖延的坏习惯了。

孩子之所以拖延，很大程度上是因为孩子的思维和父母的思维不同。父母要想理解孩子，就要站在孩子的角度上考虑问题，而不要总是想当然。遗憾的是，大多数父母丝毫不关注孩子在想什么，只是一味要求孩子必须完全符合他们的心意，按照他们所期望的样子去做。

乐乐5岁的时候就缠着爸爸妈妈再给他生个小妹妹。在乐乐7岁那年，他终于如愿以偿得到了小妹妹。然而，在小妹妹成长的过程中，乐乐渐渐发现自己被父母忽略了。如今乐乐已经10岁了，正在读小学四年级，而小妹妹也3岁了。有的时候，妈妈正在陪伴小妹妹，乐乐需要妈妈的关注，妈妈总是先敷衍乐乐："稍等一下！"然而，乐乐左等右等，妈妈还是没有来到他的身边，因而他意识到当自己也遇到暂时无法面对的事情时，就可以让事情"等一下"。

晚上，到了休息的时间，妈妈让乐乐去洗漱，乐乐眼睛盯着课外书，头也不抬地说："等一下！"这一等，过去了一个又一个十分钟，乐乐依然没动静。妈妈着急地催促乐乐，乐乐不耐烦地说："你让我'等一下'的时候也是很长时间啊，你还是让我'稍等一下'呢，都要我等待那么久。"妈妈有些语塞，毕竟乐乐说的是真实的情况，她无法反驳。妈妈只好和乐乐承认错误，告诉乐乐她曾经说的'等一下'是被拖延了的'等一下'，而不是'等一下'原本应该度过的时间段。妈妈很清楚，唯有把这个问题解释清楚，她才能真正帮助乐乐解决拖延的问题。

这个事例中，乐乐的拖延不是因为遗传了妈妈的特点，而是因为受到了妈妈的影响，对"等一下"的定义和理解产生了偏差。很多父母在教养孩子的过程中，也许会重视很多重要的问题，却会忽略那些看似无关紧要的问题。实际上，大的原则和方向是可以改变的，但是小的细节很可能对孩子的成长产生影响，却常常被父母忽略。我常常在"父母修为"的课程中谈到陪伴孩子成长的过程就是父母修为成长的过程，因为一个不经意的细小环节或者语言、行为都有可能给孩子的一生造成影响。所以，父母对孩子一定要谨言慎行、三思而行，从而尽量避免不当言行给孩子造成的负面影响。

每个人在做父母的道路上，不管有没有经验，都要一直学习。这个岗位无须考试就能上岗，但是这个岗位一旦上岗，就永远无法辞职，所以父母需要不断进步。孩子在成长过程中 0 ～ 3 岁会遇到 0 ～ 3 岁的状况，4 ～ 6 岁会遇到 4 ～ 6 岁的状况，7 ～ 9 岁会遇到 7 ～ 9 岁的问题，10 ～ 12 岁会遇到 10 ～ 12 岁的问题，13 ～ 18 岁会遇到该年龄段的状况，所以父母与孩子一起随着年龄的增长共同进步，同时保持自己与当下时代同步。因为时代也在发展，社会也处于日新月异的变化之中，父母要保持与孩子同步，未来与孩子有共同的语言，父母也要始终保持学习和进步的姿态，才能更好地陪伴孩子成长，也才能贴近孩子，并及时与孩子一起面对孩子身上出现的各种问题。当然，拖延问题并非短时间内就能解决的，父母也要做好心理准备，要付出足够的爱心、耐心才能更好地帮助孩子不断学习和进步。一份耐心、一份允许，看见孩子的进步，陪伴孩子一起走向绽放，在陪伴中看见孩子的卓越。

第三章
了解拖延，才能战胜拖延

无数父母面对孩子的拖延感到无计可施，甚至有些父母因为无奈而抓狂，对孩子大声训斥或者不断地唠叨。尤其是在孩子刻意拖延且与父母针锋相对的情况下，父母更是有苦难言，更难以找到最佳的方法与孩子相处，从而消除孩子的拖延问题。其实每一个问题都有解决的办法，最重要的是父母多用心，多了解孩子背后的心理原因，也要了解孩子拖延的根本原因，才能有的放矢地解决问题，有针对性地与孩子一起战胜拖延，在陪伴孩子成长的过程中享受天伦之乐。

1.及时发现拖延苗头，防患于未然

拖延并非是孩子与生俱来的行为表现和思想状态，而是在孩子成长的过程中渐渐形成的。拖延的发展和形成是一个缓慢的过程，如果父母能够在拖延出现苗头之时就防患于未然，那么一定能够达到事半功倍的效果。通常情况下，越是年纪小的孩子，他们内心的节奏就越慢，因而很多学龄前孩子难以避免表现出拖延的迹象。如果这个阶段父母对孩子多加引导，孩子慢慢地就能够避免拖延的趋势。而如果父母忽视孩子的拖延趋势，那么到了小学阶段，孩子的拖延趋势渐渐会演变成为拖延习惯。从这个角度而言，父母作为孩子学龄前的亲密陪伴者，最好能够在第一时间发现孩子的拖延症状。不过，这里所说的只是拖延普遍的发展趋势。有些孩子也许会因为某些来自外界的刺激，导致心态突然改变，也会表现出一定的拖延症状。这种突如其来的改变，父母一定要给予足够的重视，也要积极地调节孩子的心态，才能避免孩子在猝不及防的情况下产生严重拖延。

每个孩子从呱呱坠地开始就是一张白纸，他们带着纯真无瑕的心灵来到这个世界上。虽然孩子的性格在一定程度是天生的，但是在不断成长的过程中，孩子也循序渐进地完成塑形，从而渐渐定型。毋庸置疑，父母要想引导或者潜移默化地影响孩子，一定要在孩子塑形的最佳时期，否则一旦孩子养成思维或者行为习惯，就会对孩子的一生造成影响。难怪人们常说，做父母是这个世界上最伟大也最难的工作，需要每一位为人父母者都多多用心，才能坚持不断学习、不断进步，与时俱进，把这项事业做得越来越好。

彤彤的爸爸妈妈都忙于上班，所以从出生开始，彤彤主要由爷爷奶奶负责带。只有晚上等到爸爸妈妈下班时，彤彤才和爸爸妈妈在一起亲密接触。在爷爷奶奶的精心照顾下，彤彤长得白白胖胖的，如今已经上幼儿园中班了。

小班时，上学时间相对自由，偶尔迟到，老师也不会说什么。中班了，老师强调要帮助孩子们建立良好的作息习惯，为将来读小学做准备，为此看到彤彤经常迟到，老师不得不给彤彤妈妈打电话简单讲述情况，也建议彤彤妈妈配合幼儿园的作息时间。妈妈很纳闷：彤彤每天早晨起床都比较早，怎么会迟到呢？为了弄清楚真相，一天早晨，妈妈特意请假，在家等着送彤彤去幼儿园。这才发现彤彤虽然起床很早，但是特别磨蹭，浪费了很多时间。例如，彤彤刷牙洗脸要 15 分钟，然后吃饭的时候还要对着电视机，看着动画片。虽然妈妈制止彤彤看动画片，彤彤却俨然已经形成习惯，大哭大闹，不愿意妥协。这样一来，彤彤原本可以早早去学校的，却一直磨蹭到晚了半个小时才去。妈妈恍然大悟，也意识到隔代亲的疼爱和宠溺很有可能加重了彤彤的拖延。

妈妈当机立断在彤彤去幼儿园之后，给爷爷奶奶讲述了彤彤拖延的危害，也得到了爷爷奶奶的认可，大家决定一起努力，把彤彤的拖延行为扼杀在萌芽状态，从而避免彤彤无限拖延下去。

妈妈非常敏感，虽然白天忙于工作，但是得到老师的反馈后，还是在第一时间关注彤彤迟到的问题，从而找到问题的根源所在。妈妈做得很正确，所谓有的放矢，针对孩子身上出现的问题，一定要及时反应，而且要找到问题产生的根源所在，这样才能高效率地解决问题。其实，很多老人因为隔代亲，都会宠溺孩子，对于家里有老人带孩子的父母来说，父母一定要时刻关注孩子的教育问题，也要注意发现拖延的苗头，才能有的放矢引导孩子戒除拖延。

孩子从出生之后就处于身心快速发展的阶段，尤其是在1岁之后，孩子的自主意识越来越强，性格也渐渐成型。在孩子性格养成的过程中，父母要更加用心地对待孩子，发现孩子有异常表现之后，第一时间纠正孩子的不良倾向，从而使孩子养成良好的性格和习惯，受益终身。

2.孩子的有些表现未必是拖延

孩子有自身发展的规律和节奏，从心理学的角度而言，孩子的内心节奏原本就很慢。因为孩子表现出来的慢，所以很多父母误以为孩子是拖延，实际上有些父母是把孩子的拖延和自身的节奏快搞混了，甚至不加区分地认为孩子只要是符合父母自己慢的标准，就认定孩子是在拖延。事实当然不是这样的，孩子既可能因为拖延而慢，也可能因为内心节奏而表现出慢。举例而言，如今，家有小学生的父母都有很深的感触，每到孩子写作业的时候，因为孩子的拖延导致自己心力交瘁甚至处于崩溃边缘。那么孩子写作业为什么慢呢？在慢的表现背后，每个孩子各有各的苦衷。尽管每个孩子都有程度不一的拖延，但是孩子的慢未必就是拖延，需要父母区别对待。诸如有的孩子因为写作业的过程中遇到困难，自己无法解决，卡在那里，父母并没有指引孩子先跳过这个困难，把可以完成的做完，再处理不会的，这是卡在那里造成的拖延；有的孩子因为沉迷于打游戏或者看电视，根本不想写作业；有的孩子玩心太重，写作业不专心致志，写作业时依然想着玩；有的孩子是因为追求完美；有的孩子在写作业时边上有很多的干扰，比如零食、玩具、电视、父母或者爷爷奶奶正在忙的事情……这些原因导致孩子对写作业的抗拒和分神而延误，和拖延的表现一样，都是“慢”。然而，找准原因之后，这样的慢是可以卓有成效地解决的。

有一次娟娟的爸爸陪伴娟娟写作业。爸爸自己坐在沙发上看书，娟娟在一旁写作业，一个半小时过去爸爸回过神来检查娟娟的进度才留意到娟娟写的字还不到20个，既恼火又着急，但是还是静下来，仔细一看才发现，娟娟写了擦，擦了又写，这个时候爸爸想起来在“智见父母赋能对话”的课程中学习的“探寻”，就摸着娟娟的头说：“宝贝，爸爸看到你写了，也写对了，爸爸也看到你又擦了，擦了又写，是因为什么？”娟娟无奈地看着爸爸说：“这个写得不好看，我想写好看点儿。”听到这里爸爸才了解到孩子的慢原来不是慢，是卡在追求完美上。爸爸知道这个原因后给孩子点了一个赞，对娟娟说：“宝贝你要把字写漂亮很好，我们做作业与写字漂亮是两回事，我们先完成作业，然后专门练字。”这个区分对孩子很重要，现有结果是完成作业，而非卡在字的漂亮与否上，同时在这里可以看到孩子对自己的高要求，给予这个特质嘉许，帮助孩子区分完成作业与字漂亮是两件事情，另外还可以借由这个事情，让孩子养成“结果至上”的习惯。

要想解决孩子慢的问题，首先要确定导致孩子慢的原因。对于学习缺乏兴趣的孩子，父母要激发起他们学习的兴趣；沉迷于电子游戏的孩子，父母要警惕孩子形成网瘾，从而加紧对孩子的管束；至于贪玩的孩子，玩是孩子的天性，所以父母要多多引导孩子，但是不要因此而批评和指责孩子，而要尊重孩子的天性，同时激发孩子的内在驱动力。总而言之，只有做到有的放矢，才能在教养中看见孩子的闪光点。

从上小学二年级起，小伟就立志长大之后要当科学家。然而，他虽然志向远大，在学习上的表现却越来越差。上课不认真听课，下课和同学们打架，回到家里先是拖延写作业，最后居然连作业也不写了。他总是把家里能拆的东西都找出来拆掉，还美其名曰自己要搞发明。孩子爱探索当然是好的，妈妈也支持，但是就算把家里拆光了，也不能不写作业啊。为了小伟总会找各种借口与理由而不愿意写作业的事情，妈妈伤透脑筋，每天到了写作业的时候，都要斗智斗勇一番。

妈妈在一次同学聚会上遇到一个参加过我们“智见父母赋能对话”的同学。那个同学听说小伟的情况，也很感兴趣，约定周末来家里做客，顺便观察小伟的情况。妈妈的这个同学在“智见父母赋能对话”的课程中学习到，要想对孩子产生“关系大于一切”影响，因而虽然和小伟初次见面，但是很快就和小伟混得熟络起来，还和小伟一起研究如何把拆开的闹钟再组装起来呢！在一边玩一边交谈的过程中，朋友得知了小伟不写作业的真正原因。原来小伟告诉这位大朋友：“我长大了要当科学家，科学家小时候学习成绩都不好，有的科学家还没上过学呢！就像爱因斯坦，他连板凳都做不好，还被老师和同学嘲笑，长大之后才能当科学家的！”听了小伟的话，这个同学啼笑皆非，原来被妈妈怀疑有拖延症的小伟，居然是因为这个原因才不写作业的。

小伟拖延写作业，在学习上突然表现很差的原因，居然是因为他对于那些科学家的故事产生了误解，觉得只有和爱因斯坦一样小时候学习不好，长大了才能成为科学家。不得不说，孩子思考问题的角度和父母是完全不同的，所以父母要想理解孩子的内心，就要站在孩子的立场考虑问题，从而更了解孩子。尤其是针对孩子突然出现的反常表现，父母千万不要妄下定论，或者不以为然，而要耐心细致地研究孩子反常行为背后深层次的原因，最终有的放矢地解决问题。

当看到孩子“慢”或者排斥、抗拒做某件事情的时候，不要觉得孩子就一定是拖延。孩子本身的节奏就是慢的，退一步而言，就算孩子真的拖延，原因也是多种多样的。既然父母的初衷是为了孩子好，帮助孩子改掉拖延，或者消除导致孩子有拖延趋势的因素，就要找到原因，有针对性地处理问题，从而让解决问题的效率倍增，事半功倍。

3. 多多了解儿童心理，才能找到“拖延”根源

这个世界上，最难懂的就是人心。不仅成年人心思巧妙，孩子的心思也是难以捉摸的。所以，心理学才成为一门重要的学科。从事心理研究的心理学家，总是能够通过人们的外在表现，洞察人们的内心。如今，随着生活节奏的加快，社会生活压力越来越大，很多成年人都存在一定的心理亚健康，甚至有些企业里，因为比较重视员工的心理健康，还专门开设了心理诊室。例如富士康，在某一年连续发生几起跳楼自杀的事件后，也不得不关注员工的心理疏导工作。

成年人有心理亚健康的问题，那么孩子呢？只要是有意识和思想活动的人，都会有各种各样的心理问题，孩子当然也不例外。有的心理学家经过长期的跟踪调查发现，孩子在童年时期导致的心理状况，很有可能在成

年以后表现出来。甚至有些成年人，潜意识里还受到襁褓时期特殊记忆的影响。由此可见，心理问题不容小觑，父母更不要觉得孩子小不会有太多的想法或者意见等，因而忽略了孩子。如果多关注和了解孩子的内心世界，父母就能找到孩子拖延的根源，才能避免治标不治本，从而彻底帮助孩子戒除拖延问题。

如果现在让父母说出孩子心里正在想什么、渴望做什么，相信很多父母都会觉得很茫然。尤其是把孩子交给老人带的父母，与孩子的接触更少，因而更不了解孩子。唯有父母与孩子心意相通，父母与孩子之间相处才会融洽，沟通也会顺畅，而这一切都基于父母了解孩子的心理。否则父母说出的话根本不被孩子听进去，孩子如何能够听从父母的话呢？

周末，爸爸妈妈带着4岁的啾啾去野外玩耍。六月的天——孩子的脸，说变就变。中午，全家人刚刚吃完野餐，天色突然暗下来，转眼之间乌云密布，眼看着大雨将至，妈妈赶紧招呼正蹲在草丛里玩的啾啾快些收拾东西，准备开车回家。

提醒啾啾收拾东西之后，妈妈也开始加快速度收拾野餐的用具等，爸爸则忙着拔起帐篷。妈妈收拾完后，一看，啾啾还蹲在那里玩儿，连动都没有动。妈妈不由得火冒三丈，冲着啾啾喊道："啾啾，你怎么这么磨蹭啊，真是个拖拉鬼。我和爸爸马上就走了，你今晚就留在这里睡觉吧！"啾啾对妈妈的喊声充耳不闻，妈妈实在忍不住，走上前去一把拎起啾啾，啾啾被吓了一跳，瞪着无辜的大眼睛看着妈妈。妈妈再次问道："啾啾，你还回不回家啊？！"啾啾这才如梦初醒，妈妈纳闷地问："你在干什么呢，妈妈喊你听见没有？"啾啾指着地上告诉妈妈："妈妈，蚂蚁正在搬家呢！好多蚂蚁啊，我正在想，蚂蚁为什么要忙着搬家呢？"发现啾啾观察得这么仔细，妈妈不由得有些内疚：原来啾啾不是故意拖延，而是因为太投入了，根本没有听到妈妈的话，妈妈借此机会给啾啾讲了蚂蚁搬家的故事，告诉啾啾蚂蚁为何要在阴天下雨的时候搬家。啾啾恍然大悟："蚂蚁真勤劳呀！"

对于啾啾投入地观察蚂蚁，妈妈之前并没有发现，而是以为啾啾是在故意拖延。实际上，孩子内心的世界是很丰富的，父母生养了孩子，不要因此就觉得自己一定了解孩子的内心。孩子因父母而来到这个世界上，从呱呱坠地的那一刻就成为独立的生命个体，父母既要照顾孩子的饮食起居，也要多关注孩子的内心世界，了解孩子，才能更好地观察孩子的言行举止，才能有效地帮助孩子改正拖延的行为。

如果父母不了解孩子的内心，不能把话说到孩子心里去，那么父母说得越多，越容易激发起孩子的逆反心理，导致孩子对父母所说的话置之不理，总是与父母对着干。这样一来，父母与孩子无法沟通，更无法顺利开展对孩子的教育和引导工作了。由此可见，父母了解孩子的内心世界和心理状态，对于亲子关系和家庭教育都是至关重要的。

4. 拖延，不是与生俱来的坏习惯

古代先哲中，有人主张“人之初，性本善”，有人主张“人之初，性本恶”。随着时代的发展，人们对于心理的了解越来越深入，因而最终得知，人之初不是性本善，也不是性本恶，而是如同一张白纸一样需要去填涂、描摹和增色。“性相近，习相远”这句话证实了老祖宗对于人性本善还是本恶虽然没有得出完全正确的结论，却揭示了性格养成的真理，即人与人的性格最初是相近的，在后天的成长中渐渐变得不同，也就是说人的性格是后天养成的，受到成长过程中诸多因素的影响。同样的道理，拖延也并非是与生俱来的坏习惯，而是在后天的成长过程中渐渐形成的。因而，父母如果不想让孩子养成拖延的坏习惯，就要在孩子很小的时候关注孩子在各个方面的表现，防患于未然，消除那些会导致孩子拖延的不利因素，给孩子一个健康良好的成长环境。

婴儿呱呱坠地来到这个世界上的第一声啼哭，处于无意识的状态。随后在几个月的时间里，孩子依然是无意识地寻求食物，满足自己吃喝拉撒的基本生理需求。在此期间，我们无法判定婴儿是否会故意出现拖延行为，因为这个阶段婴儿都是出于本能在做出反应。等到婴儿过了百天，就渐渐有了意识。他们学会了微笑，也学会了观察。尤其是对于身边的人，他们潜意识地记住，并且这种潜意识的记忆甚至会影响他们的一生。所以很多父母觉得婴幼儿根本不懂任何事情，也不会说话、不会表达，更不会思考，这种观点是完全错误的。对于婴幼儿而言，潜意识会影响他们的很多方面，他们甚至还会在潜意识的驱动下模仿家人的举动。实际上，与其说是父母把性格遗传给了孩子，不如说是孩子接受了父母潜移默化的影响，才变得越来越像父母，这也验证了家庭氛围在孩子成长过程中的重要作用。

几乎每个人都有不同程度的拖延，唯一的区别就在于程度。有的人拖延没那么严重，理智能够战胜惰性，自制力也比较强，所以拖延表现得不明显。有的人拖延情况非常严重，又因为心理上的懈怠，缺乏自制力，所以他们总是不停地拖延，也因为一次又一次地放任自己，导致拖延的情况越来越严重。很多幼儿正是在潜意识中观察和模仿成人，尤其是父母，所以渐渐形成了拖延的习惯。从这个角度而言，作为父母要想从根源上戒除孩子拖延的情况，就要以身示范，首先对自己严格要求，从而给孩子树立好的榜样。

米德纳波尔是印度加尔各答东北地区的一个小镇。1920 年，米德纳波尔小镇的人发现了一个未知的“神秘生物”。这个“神秘生物”经常在小镇周围茂密的森林中出没，有些好奇心强的人就对这个“神秘生物”展开追踪，最终发现这个“神秘生物”是两个，很像人、有四肢，却又四肢着地走路，而且总是跟在 3 只硕大的野狼后面。小镇里的人组织起来，齐心协力打死了野狼，后来在狼窝里找到了所谓的“神秘生物”。原来，这两个“神秘生物”是两个小女孩。她们赤身裸体，一个大概 8 岁，一个大概 2 岁。这两个“狼孩”在全世界范围内引起了轰动。最终，相关人员经过研究发现，这两个狼孩都是被母狼叼到狼窝里的，因为母狼具有母性，所以没有吃掉她们，而是像哺乳小狼崽一样把她们养大。人们经过观察发现，这两个女孩和母狼一起长大，已经形成了狼性，生活方面也完全符合狼的习性。尽管人们付出了很多努力想让她们回归人类的本性，她们还是狼性难改，根本无法适应人类社会。

从“狼孩”的故事中我们不难得出，环境对于人的影响和改变是巨大的。母狼妈妈尚且能够改变孩子，更何况是人类的父母呢？所以为人父母者在发现孩子有异常的表现之后，先不要急于在孩子身上寻找原因，或者把责任推给孩子，而是要首先反省自己，从而找到自己的缺点和不足，及时改正和完善，彻底避免因为自身不正确的做法或者言行给孩子带来负面的影响。

其实，在世界历史上，年幼的孩子因为各种原因导致与动物在一起生活的事例有很多，他们之中大多数都形成了动物的习性，有一些还表现出无法驯化的特点，也有极个别的“野兽化”的人能够最终回归人的本性。例如，1789 年法国大革命期间，人们曾经在森林里发现了一个 17 岁的男孩，他如同野兽一般生活，最终在长期接受人为训练之后，彻底戒除了动物的本性。这一切告诉我们，人受到后天环境的影响很大，人的很多才能都不是先天具备的，而是在后天不断地成长和发展过程中渐渐形成和具备的。所以说，作为人类的共性，拖延也是孩子后天形成的。既然如此，父母不但可以帮助孩子防范拖延的形成，也可以帮助孩子渐渐戒除拖延的坏习惯，让孩子变得不急不躁不拖延。关键在于，父母要有正确的意识，给予孩子切实有效的帮助。

5.孩子为何要编造借口

很多孩子想要拖延的时候，也知道自己不能理直气壮，而总是找各种各样的借口拖延，这说明他们在认知上也意识到拖延是不好的，所以想要给自己找到更合理的理由和借口。在成长的过程中，孩子们随着成长经验的丰富和生活阅历的增加，渐渐会意识到他们无法控制很多事情，尤其是对于拖延，要想战胜简直太难了。不得不说，有些孩子对于自己的表现会产生羞愧的心理，这也必然导致他们不得不依靠编造借口，让自己逃避内心谴责或者保全自己颜面。

很多父母一旦发现孩子撒谎，马上会觉得难以面对，甚至断定孩子品质变坏了，才会撒谎。其实不然，有人说孩子正是因为变得聪明了、有心眼了，才会撒谎，这也有一定的道理。保护自己是人的本能，孩子在意识到自己有可能被批评或者否定时，也会出于本能编造借口。这完全是情有可原的，父母遇到这样的情况也无须过于惊慌。这个也是父母要反省的地方，我常常在讲课的过程中问父母——孩子撒谎的背后对于父母是什么？很多时候孩子说了真话，会得到父母负面的反应，所以孩子不敢面对父母的负面，于是找各种理由与借口，甚至是拖延、逃避，直到最后不得不面对。

当然，也有些孩子不是刻意找借口，而是无法准确区分借口与真实原因之间有什么区别。理解儿童心理的父母，在发现孩子撒谎时，不会急于指责孩子，也不会先以事实与孩子辩驳，而是引导孩子认识真相，从而帮助孩子区分借口。在被他人质疑时，为了得到他人的认可和支持，人在本能的驱使下会说出最有利于自己的借口，而不是最真实的原因。孩子也是如此，所以父母要理解孩子撒谎或者找借口的初衷，而不要肆意指责孩子，更不要急于否定和批评孩子。在发现孩子故意隐瞒真相、以借口为自己开脱或者以谎言欺骗父母时，父母不要急于揭穿孩子，而要多以实实在在的事例或者讲述名人事例的方式，告诉孩子撒谎的严重后果，从而给孩子留出思考或是坦白的时间。这样一来，孩子自发地反思错误，主动改正自己，会获得更好的效果。面对孩子找借口，父母关键在于给予孩子宽松自由的成长环境，这样才不会给孩子造成紧张和压力，也才能让孩子更勇敢地承担起责任。

列宁小时候，有一次和妈妈一起去姑妈家里做客。在和姑妈家里的表哥表姐一起玩耍的时候，因为玩得高兴，忘乎所以，小列宁一不小心砸碎了姑妈最心爱的花瓶。姑妈闻讯赶来，问孩子们："啊，我最心爱的花瓶，是谁打碎的？"小列宁心惊胆战，因为害怕遭到姑妈的批评，因而在其他孩子都表示与自己无关时，他也垂下头，小声说："不是我！"

妈妈站在一边，看到小列宁羞愧得满脸通红的样子，一下子就猜到是小列宁打碎了花瓶。再想起小列宁在家里玩耍的时候就因为淘气，总是砸碎东西，因而心中更加认定是小列宁。但是妈妈没有当着姑妈一家的面揭穿小列宁，而是选择了信任小列宁，其实妈妈这是想给小列宁留出时间主动承认错误呢！

回家之后，妈妈时不时地给小列宁讲起关于做人要诚实、要勇于承担责任的故事，妈妈一直耐心地等着小列宁主动承认错误。有一天，妈妈正在给小列宁讲故事，小列宁突然羞愧地大哭起来，告诉妈妈："妈妈，是我打碎了姑妈的花瓶，我撒谎了。”妈妈这才如释重负：“知错就改就是好孩子，你现在给姑妈写信承认错误，好吗？我相信她一定会原谅你的。”小列宁当即起床，在灯下写了一封言辞恳切的信给姑妈，向姑妈承认错误，也获得了姑妈的谅解。从此之后，列宁再也没有撒谎。

小列宁打碎花瓶的故事，相信很多朋友都知道，然而大多数朋友都关注到小列宁诚实的品质，却忽略了列宁妈妈在对待小列宁撒谎问题上采取的方式方法。不得不说，用这种方法来应对孩子撒谎，效果是非常好的，也能够给予孩子时间反思自己的错误，给孩子机会主动承认错误。和父母的批评相比，孩子这种自我反思的方式自然更好，也更容易从根本上解决问题。

面对孩子为了掩饰自己的拖延行为而撒谎的表现，父母最重要的就是引导孩子认识什么是真正的原因，什么是逃避责任的借口，唯有帮助孩子区分清楚这两者之间的区别，孩子才会做出正确的选择，也才能够在父母的督促下渐渐戒除拖延，也无须再刻意撒谎。没有孩子愿意撒谎或者绞尽脑汁为自己找借口，只有让孩子在爱与包容中成长，孩子才能从容坦然地面对自己的责任和义务。这样孩子才不会因为逃避而撒谎或者因为不敢面对而拖延。

6.得不到父母认可，孩子更爱拖延

在进入幼儿园之前，孩子生活中最重要且最在乎的人，就是爸爸妈妈。他们凡事都要依赖爸爸妈妈，总是习惯于对爸爸妈妈言听计从。等到渐渐长大，有了自己的小心思，也能够独立思考，他们最盼望得到爸爸妈妈的认可和赞赏，有的孩子努力表现就是为了赢得爸爸妈妈的认可和赞赏。这种情况在孩子入园开始崇拜老师之后，会渐渐改变，因为大多数孩子在一段时间内都会对老师言听计从，而不把爸爸妈妈的话放在心上。这是孩子对老师的盲目崇拜阶段。我们这里要说的就是正常情况下，孩子对于父母认可的渴望和在乎。

既然孩子是为了得到父母认可才表现好的，那么如果始终得不到父母的认可，他们还会这么积极表现吗？答案当然是否定的。对于爱在父母面前表现的孩子而言，如果得不到父母的认可，他们就会从积极变得消极，由主动变得被动，甚至对于原本很热衷做的事情也变得拖延起来，只为了引起父母的注意，让父母给予自己更多的关注。

小学一年级的时候，妈妈给体质比较弱的轩轩报名参加了跆拳道。刚开始学习时，每次拉韧带，轩轩都疼得直哭。然而，妈妈一直在鼓励轩轩，希望轩轩能够战胜困难，坚持下去。妈妈告诉轩轩："等你长大了，妈妈老了，还想让你保护妈妈呢！"轩轩这时候也就变得和真正的男子汉一样，说：“妈妈，放心吧，我一定认真学习跆拳道。”就这样，虽然拉韧带很疼，轩轩含着眼泪依然坚持学习，每当这时，妈妈就会表扬轩轩，轩轩也总是沾沾自喜，一副骄傲的模样。

一段时间之后，妈妈看到轩轩跆拳道的学习基本稳定了，也就没有继续过多地关注轩轩。有的周末，妈妈因为要加班，就让奶奶帮忙送轩轩去学习跆拳道。没过几次，轩轩突然一反常态，变得排斥学习跆拳道。妈妈不知道这是怎么了，几次询问奶奶，奶奶都说没有异常的原因。这不，又到了周末，眼看着上课的时间就要到了，轩轩还在家里磨磨蹭蹭，不愿意出门。妈妈急得催促轩轩：“轩轩，你怎么还不和奶奶走啊，你要迟到了。”轩轩嘀咕着：“又是和奶奶去。”妈妈听到这句话，突然脑中灵光一闪，意识到：“是不是因为我最近没陪着，所以孩子情绪这么大呢？”想到这里，妈妈试探着说：“妈妈今天工作不多，要不妈妈陪着你去，怎么样？”轩轩马上欢呼雀跃起来：“哦，太好了，我愿意妈妈陪我去！”

练习过程中，妈妈一直用心观察轩轩，发现轩轩特别卖力。尤其是在妈妈偶尔表扬轩轩之后，轩轩更是一边努力地做动作，一边看着妈妈。妈妈这才知道原来轩轩特别在乎她，也特别看重她的认可和赞扬。以后，轩轩再去上跆拳道课，妈妈再怎么忙，也会抽出时间陪着轩轩，轩轩再也没有因为上课而拖延过。

孩子最在乎爸爸妈妈的看法和态度，尤其是当他们卖力表现就是为了得到爸爸妈妈的认可时，爸爸妈妈每一句认可的话对孩子而言都弥足珍贵。为了让孩子更加努力学习，爸爸妈妈一定要多关注孩子，切勿忽视孩子。

如果发现孩子突然拖延，除了观察内在和外在原因之外，爸爸妈妈也可以反思一下自己最近是否对孩子关注不够，最近的一次认可和赞扬孩子是在什么时候。再对比孩子此前和现在的表现，答案自然就会浮出水面，问题也会迎刃而解。归根结底，孩子的积极主动不应该是为了秀出来给父母看的，父母还要引导孩子有理性的心态和端正的态度，让孩子意识到戒除拖延是为了自己，而不是为了给任何人看的。每个人都要对自己的人生负责，孩子也唯有理解人生的真谛，才能顺理成章、水到渠成地改掉拖延的不良习惯。

第四章 拖延会让孩子的一生拖拖拉拉、一事无成

对待孩子的拖延，有的父母如临大敌，当成头等大事，也把“拖延”当成头号敌人；有的父母根本不放在心上，以“树大自直”为借口安慰自己，总觉得孩子的拖延随着成长就会渐渐好转，甚至完全消失。实际上，对于拖延的态度不管是过于紧张，还是过于松懈，都是不符合实际的。过于紧张，会导致拖延成为孩子成长过程中的障碍，甚至使孩子变得紧张焦虑；过于懈怠，又会忽略拖延的很多严重的负面影响，等到真正重视起这个问题的时候，已经贻误了帮助孩子戒除拖延毛病的最佳时机。所以，父母对于孩子的拖延的问题要用适当的态度面对，这样才能避免拖延影响孩子的一生。

1.拖延如同多米诺骨牌

孩子一次没有写完作业，父母会觉得是偶然现象，因此不以为然；孩子每天都最后一个吃完饭，父母会觉得孩子细嚼慢咽；孩子对于制订好的计划总是推迟执行，甚至完全放弃，父母觉得孩子还小，缺乏自控力……对于孩子的一次次拖延，父母也在不断地拖延着解决孩子的拖延问题，最终导致孩子的拖延行为肆意蔓延，对孩子的生活和学习都产生负面影响。从这个意义上来说，拖延就像多米诺骨牌，父母还是要足够的重视，并且积极应对孩子的拖延问题，才能把拖延的负面影响控制在最小范围内。

比较小的孩子之所以慢，大多数是因为他们的内心节奏比较慢。然而随着孩子不断成长，如果父母没有对孩子的拖延行为防患于未然，那么渐渐地孩子就会出现拖延的苗头，表现出拖延的趋势，最终彻底形成拖延症。其实这也并非孩子愿意，而是因为孩子潜移默化受到外界的不良影响，又因为拖延倾向没有被及时制止，所以才会发展成拖延行为。拖延的孩子，也许独自在家玩耍的时候，并不会表现明显，一旦进入幼儿园，和其他孩子在一起游戏玩耍，在集体的步调中，他们马上会表现出明显慢半拍。有些拖延症孩子还会拒绝执行老师的指令，也有的表现出暂缓执行老师的指令。当他们无法拖延下去又对老师的所言所行不满意时，在家娇惯的孩子还会在老师面前肆无忌惮地哭闹不止，弄得老师也束手无策。

当然，面对拖延也无须如临大敌。前文说过，拖延是人的共性，实际上几乎每个孩子都有拖延的表现。只不过因为父母对待孩子拖延所采取的方法不同，解决问题的力度也不同，所以孩子在成长过程中表现出来的拖延症程度也各不相同。无论如何，在孩子表现出拖延症的症状后，父母都不能听之任之。如果任由孩子的拖延症继续发展下去，各种症状将会蔓延到孩子生活和学习的方方面面，最终不但耽误孩子，也会让父母因为孩子的拖延感到难堪和尴尬。

小薇已经3岁半了，刚刚进入幼儿园小班学习。大多数孩子在经历了最初入园时的苦恼期之后，都已经逐渐适应了幼儿园的生活，唯独小薇，在进入幼儿园后一个月之久，早晨去往幼儿园的过程中还是哭闹不止，不停地喊闹："我不去幼儿园，我不去幼儿园！"奶奶看到小薇歇斯底里的样子，也觉得很发愁，不知道如何是好。

原来，小薇不会自己吃饭，到了幼儿园老师给她喂饭一段时间之后，就要求她自己吃饭，她总是很无措、很抗拒，也因此对幼儿园心生恐惧，一直非常抵触。在家长会上，老师特意和小薇的妈妈沟通了孩子吃饭的问题。得知孩子在家里吃饭一直都是奶奶喂，老师当即表示："孩子现在进入幼儿园了，要开始独立生活了，希望家长回到家里，都不要再给孩子喂饭，而是培养孩子独立吃饭的能力。"说完，老师又问小薇妈妈："如果小薇不吃饭，爷爷奶奶会怎么办？"妈妈有些不好意思地笑了，说："奶奶会端着饭追着喂，小孩子吃饭总是不太认真，老人就怕饿着。"老师正色说道："我说话比较直接，希望父母都不要介意，但是我肯定是为了孩子好。有的孩子自理能力这么差，就是被家长惯的。孩子不吃饭，一顿不吃不会饿坏，根本没关系，那就让孩子饿着。这样等到饿极了，孩子下一顿就会吃了。要想改变孩子吃饭的问题，还要坚持原则，如果孩子上一顿饭没吃好，在吃下一顿饭之前，千万不要惯着孩子，更不要给孩子零食吃。否则，孩子下一顿饭还是不会好好吃，长此以往不但饮食不规律，也会导致营养不良。最重要的是，孩子一旦养成拖延的习惯，未来在很多方面都会表现出拖延，而饭桌上是孩子拖延的苗头，家长一定要慎重对待。”老师说的话很有道理，小薇妈妈连连点头，其他父母也都表示认可。

孩子小的时候也许很多事情都可以拖延，父母也会耐心地等待他们慢慢来。而等到孩子渐渐长大，生活中方方面面的事情越来越多，拖延对于孩子生活和学习的影响就会逐渐凸显出来，给孩子的人生也带来严重的负面影响。尤其是随着孩子不断成长，孩子最终要脱离父母的庇护，独自面对人生，独自经营生活，因而拖延会对孩子的人生造成严重的影响。

常言道，凡事都是在尚未发生的时候预防为好。对于孩子的拖延，也是如此。父母一定要用心养育孩子，多多观察孩子，这样才能把孩子拖延的苗头及时铲除，也才能引导和陪伴孩子健康茁壮地成长。作为孩子成长的监护人和引导者，父母对于孩子的成长一定要用心，更要投入时间和精力陪伴孩子。孩子的成长是不容错过的，任何时候，父母都要坦然面对孩子，才能给予孩子更好的陪伴与保护。

2.不要当学习上的拖拉大王

孩子正处于学习的大好时光，一旦养成拖延的习惯，就会影响孩子的身体发育、性格养成、生活习惯等方方面面。尤其是很多父母都望子成龙、望女成凤，动辄给孩子报名参加各种各样的补习班、兴趣班。殊不知，过度的压力非但不利于孩子学习，过于紧凑的学习安排还会导致孩子产生畏难心理，因而变得越来越拖延。

古人云，授人以鱼不如授人以渔，很多人也都知道孩子学习的过程中要养成良好的学习习惯，这样孩子才有可持续发展力，也能够保持终身学习的好习惯。但是，还是有很多父母没有耐心培养孩子的学习习惯，而是一味督促孩子学习，导致孩子在父母的催促中形成依赖的不良习惯，拖延情况也更加严重。不得不说，孩子从走出家门，进入校园，看似是小小的一步，实际上是迈向社会的一大步，对孩子而言意味着生活将要发生翻天覆地的变化。从此之后，孩子的世界里不再只有爸爸妈妈、爷爷奶奶，也不再局限于家里的小环境，他们开始与老师、同学相处，也成为一名在校学生，不但要肩负起学习的任务，还要学会与其他同学相处和交往，不得不说，出入校园对于孩子而言是一个巨大的挑战。

无忧无虑的幼儿生活已经结束，孩子有了学习任务，也需要和同学相处，遇到有矛盾的时候，更要在老师的帮助下化解矛盾。随着年级渐高，孩子的学习任务也越来越重，这原本应该是一个循序渐进的过程，但是对于拖延的孩子而言，因为前期没有完成该完成的任务，所以他们到后期往往会觉得学习压力很大，导致从“小拖拉”变成“大拖拉”，最终成为学习上的“拖延大王”。

萌萌已经读初一了，在学习上依然拖拖拉拉，没有任何危机意识。每天晚上写作业，萌萌都要写到很晚，妈妈无奈地说萌萌：“你已经拖延成性啦！”萌萌也很无奈：“我已经很努力地写了。”因为每天完成作业都很晚，萌萌睡眠严重不足，白天上课的时候无精打采。

有一次，老师布置了一项任务，让每4个孩子一组，利用假期时间，每个孩子读一本四大名著，然后整合起来，写一系列关于四大名著的读后感。眼看着假期都过去了，萌萌的《红楼梦》都没有读完，由此导致整个组的读后感都没有完成。同组的同学们，拿着写好的3篇读后感，没有办法完成一个系列4篇读后感的学习任务，都对萌萌抱怨不已。

学习上一旦养成拖延的坏习惯，不但会对学习造成负面影响，也会导致孩子在与其他同学合作的过程中，因为拖延影响整个团队的学习进程，由此引起其他同学的不满，导致人际关系恶劣。作为父母，一定要意识到拖延对学习的负面作用和影响，从而端正态度，积极地帮助孩子戒除拖延。即使长大成人，拖延的负面影响也不容忽视。因而，从小戒除孩子拖延的坏习惯，对于孩子而言是至关重要的，也是不可忽视的。

自古以来，教导人们珍惜时间的诗词很多，这也意味着人们已经意识到时间的珍贵。作为父母，更要从小培养孩子惜时如金的好习惯，从而让孩子不再拖延，在学习上争分夺秒，取得好的成绩。否则，孩子一旦在学习上养成拖延的坏习惯，不但在学生生涯中写作业拖拖拉拉，即使长大成人面对高强度的工作和紧张局促的社会生活，也会深受影响，陷入被动之中。

3.拖延，对孩子一生都有负面影响

很多父母为了与孩子的教育问题完全撇清关系，不惜花费很多钱把孩子送到贵族学校，以为从此就能高枕无忧，孩子的学习成绩也有了保障。其实，这种想法完全是错误的，任何时候学校都不可能取代父母在孩子教育中的重要作用。首先，父母是孩子的第一任老师，从孩子呱呱坠地开始就与孩子亲密相处。其次，父母的言行总是潜移默化地影响孩子，孩子是父母的一面镜子。最后，学校哪怕能力再强、资质再高，也不可能完全承担起教育孩子的所有工作，而且老师面对的是一个班级甚至两个班级的学生，不可能像父母这样对孩子全方位照顾和陪伴。从这三个方面而言，父母依然要肩负起教育孩子的重任，而不要把这份工作寄托或者推卸在其他人身上。如果父母在教育孩子方面都不尽心尽力，那么孩子的未来还有什么保障呢？

对于孩子拖延的情况，学校能够起到的作用更是微乎其微。毕竟老师上课的时候面对整个班级的学生，不可能单独纠正哪一个学生三心二意，不认真听讲或者不认真完成作业的问题。尤其是在孩子拖延的情况比较严重时，父母一定要主动承担责任，主动和老师沟通，从而寻求更好的方法改变孩子拖延的坏习惯。在学校里接受按部就班的教学之后，课后孩子主要在家里完成作业，因而父母对于孩子的引导会更有效，也因为观察得细致入微，父母对于孩子的帮助也会更加准确到位。父母必须摆正心态，学校不是万能的，学校工作的核心是教的部分与育的部分。素质素养的部分核心来源于父母，一旦错过纠正孩子拖延行为的最佳时机，就会导致严重的后果。尤其是当孩子走出学校相对单纯的环境，进入复杂的社会环境中时，孩子会面对更多的诱惑，也会面临更多的危机，如果缺乏自制力，凡事拖延无度，就很难有好的发展。

如今，农村依然有很多留守儿童在初中毕业甚至初中没毕业的时候就辍学，过早地进入社会。当然，留守儿童是一个短期内无法解决的社会问题，然而父母的缺位也成为孩子荒废学业、无人管教的根本原因。现代社会情况复杂，孩子过早地进入社会，误入歧途的概率大大增加，当然让人担忧。父母与其等到事情无法收场的时候再去挽回，不如从孩子小的时候就多多关注孩子，为了孩子能拥有幸福的未来，把那些拖延的苗头在开始出现时就彻底铲除。

拖延症除了表现出“慢”的特点之外，还表现出“懒”。孩子如果勤快，把什么事情都做在前面，就不会发生严重的拖延行为。为了根治孩子的懒惰，父母也要注意，不要因为孩子是家里的独生子女，就对孩子过于骄纵。要知道，懒惰和勤快并非是天生的，而是后天形成的行为习惯，渐渐发展到心理习惯。如果孩子一直帮助父母分担家务，那么他眼里就有活儿，在看到哪里需要收拾的时候，也就会主动去做。渐渐地，孩子会越来越勤快，也就会成为人人夸赞的好孩子。相反，如果孩子从小习惯了衣来伸手、饭来张口，从来不会主动去做任何事情，那么随着渐渐长大，他的这种懒惰的行为习惯越来越严重，就会发展成为严重拖延。

人生总是充满了矛盾，即使孩子有拖延症，面对任何事情都不愿意付出，但是他们依然向往优秀的学习成绩，长大之后还是会梦想着提高生活的品质，过美满幸福的人生。然而，在走一些捷径无法达到目标之后，他们难免会动起歪心思，钻空子、要歪招，最终在人生路上误入不劳而获的歧途。有这种心态的孩子很有可能走错路，最终导致自暴自弃，在错误的道路上越走越远。一切，都要在尚未发生的时候防范，效果才是最好的。作为父母，一定不愿意眼睁睁地看着孩子毁掉他的整个人生。那么就从现在开始，不拖延、不焦虑，以良好的心态和足够的耐心与关爱，帮助孩子戒除拖延吧！

既然拖延对于孩子的一生都有负面的影响，那么父母一定要及早帮助孩子戒除拖延，也要引导孩子认识拖延的负面作用，从而让孩子不拖延，健康快乐成长。

4. 拖延，让孩子与机会失之交臂

人们常说，做事情要未雨绸缪，才能思虑周全。然而，如果总是思前想后，顾虑太多，那么就不是周全，而是顾虑、患得患失，甚至会导致人们杞人忧天、止步不前。任何事情，在没有真正去做并且获得成功之前，成功与失败的可能性各占50%。也就是说，成功与失败的概率同样大。所以哪怕绞尽脑汁，我们也很难在事情切实推进之前知道事情的结果，因而一味前怕狼后怕虎，反而会导致与机会失之交臂。

有的人，一生之中都被禁锢在自己内心的囚牢中，无法向前一步突破自我的禁锢，也因此他们总是举步不前，导致一生之中都浑浑噩噩。实际上，他们不是因为自身水平不足或者能力不够导致失败，而只是因为他们聪明反被聪明误，因为想得太多，总是束手束脚，无法勇往直前。为了避免孩子陷入这样的拖延困境中，父母一定不要总是否定和禁锢孩子，而是要鼓励孩子勇往直前，才能渐渐帮助孩子鼓起勇气，决不轻易退缩和畏缩。众所周知，好机会总是千载难逢、转瞬即逝，有的时候稍一迟疑，就会错失良机。因而，真正聪明和勇敢的孩子，不会禁锢自己，而是让自己张开翅膀，在人生的天空展翅翱翔。

还有些孩子具有强烈的畏难情绪，当预知即将面对的事情具有很大的难度且不容易实现时，有勇有谋的孩子会迎难而上，战胜困难；而胆小怯懦、思虑重重的孩子会胆怯畏缩，最终在还没有争取机会的情况下，就主动缴械投降。很多时候，不需要未雨绸缪，更不需要杞人忧天，只要一鼓作气、心无旁骛地朝前努力就好。父母也要引导孩子形成正确的人生观，要让孩子坚定不移地努力、付出，而不是瞻前顾后、犹豫不决。否则，孩子很容易就会错过良机，或者是在没有真正挑战自我的时候先败下阵来。其实很多时候，只要孩子们能够突破内心的禁锢，好运就会接踵而至。而一旦孩子从小就顾虑重重，不能果断行事，那么即使长大成人，他们也无法抓住机会，最终与成功失之交臂。

很久以前，有个大名鼎鼎的教授发出征集令，要为自己招聘一位助教。得知这个消息，很多符合教授条件的年轻学生都踊跃报名，他们很清楚这是一个千载难逢的机会，不但能够跟随教授学习，还能获得报酬，最重要的是对于自身的发展将会有很大的推动作用。作为中国留学生，小贾得到消息后，也第一时间赶到现场报名。经过层层严格的筛选，最终只有十几个留学生通过考核，有机会进入复赛。

这十几个留学生里，就有好几名中国留学生，也包括小贾。原本，大家都非常有信心，通过不懈的努力赢得了这个机会。然而，另外几个中国留学生经过多方打听之后，得知教授居然曾经在朝鲜战场上被中国人抓过，是中国人的俘虏。所谓“仇人见面，分外眼红”，大家断定无论如何教授也不会把这个机会给中国留学生，因而全都不由自主地打起了退堂鼓。最终，他们自己吓唬自己——就算参加最后的面试也是“瞎子点灯白费蜡”，因而全都放弃了面试的机会，只有小贾无论如何也要坚持试一试。当小贾坐在教授面前时，教授几乎不假思索就留下了小贾。教授笑着对有些惊愕的小贾说：“我的确在朝鲜战场上成为中国人的战俘，但是他们很友好，特别照顾和善待我，所以我很感激他们。至于你是中国人，这根本与这件历史没有任何关系，因为你眼下的任务就是当好我的助手。我很钦佩你在听到那些风言风语后还有勇气坐到我的面前来！”

那些自己吓唬自己，没有开始面试就已经放弃努力的中国留学生，一定会因为失去这次千载难逢的机会而懊悔不已。这不怪任何人，只因为他们在还没有开始博弈之前，就已经放弃了努力。其实，事情不到最后一刻，没有任何人知道最终的结果。与其因为顾虑重重束缚自己，不如尽情地拼搏，也许能够得到意外的惊喜。

在教养孩子的过程中，父母一定要帮孩子树立正确的观念，不要让孩子养成顾虑重重、举棋不定的坏习惯，否则孩子拖延的症状就会越来越重，最终导致自己止步不前。这个社会，经验丰富、智慧卓越的人很多，有胆识、有勇气、有魄力的人却少之又少。所谓物以稀为贵，如果孩子能够成为这样的人，何愁没有好的未来呢！此外，要想让孩子做到这一点，父母还要引导他们学会放下包袱，在人生的路上轻装上阵，从而勇往直前，勇敢地奔向人生的目标，决不懈怠，更不畏缩。

5.拖延的人，永远无法洞察人生

现实生活中，有很多人都特别爱拖延，总是陷入犹豫和纠结之中，最终错失良机，也使人生变得特别被动。不得不说，人生是艰难的，人们常常因为各种各样的事情而纠结和犹豫不决，然而这除了导致苦恼之外，根本于事无补，甚至还会导致事与愿违。法国大名鼎鼎的哲学家布里丹笔下，有一只小毛驴面对两堆一模一样的草料，因为不知道该吃哪一堆，最终在犹豫不决中活活饿死了。当然，这只是一个寓言故事，旨在告诉人们一个道理，那就是犹豫不决只会导致人生的毁灭，也许现在犹豫拖延的后果还不严重，但是随着事情的不断推进，恶劣的后果最终一定会凸显出来。

孩子为什么这么迟疑不定、犹豫不决？他们无法探究事情的真相，这并非是天生如此，而是因为后天在成长的过程中导致的。很多细心的朋友会发现，很多中国孩子的脸上，很难找到西方国家孩子的脸上那种自信从容的表情。这是因为一直以来，中国的教育方式都是非常保守和内敛的，也常常压抑孩子的天性，导致孩子养成了谨慎做人、谨慎做事的特点。这当然不是绝对的错误，然而凡事有利皆有弊，这种教育模式下，孩子们虽然变得诚实稳重、谨言慎行，最终却失去了活力，创造性也受到禁锢。

在成长的过程中，每个孩子都会经历不同的阶段。小的时候，孩子们要努力长大，学会自理；进入学校之后，孩子们要努力学习，从而争取改变自身的命运。很多农村的孩子还要借助于学习实现“鲤鱼跳龙门”，改变命运，创造人生。在此过程中，拖延对于孩子的影响也许没有那么大，而等到孩子们长大成人，进入社会，因为迟疑不决导致的拖延，就会对他们的生活和工作造成巨大的影响。这种时候，如果再想改变，显然为时晚矣。

曾经有位哲学家说，人生最高的境界，就是不后悔。的确，从婴儿呱呱坠地开始，到逐渐成长，有太多的事情需要面对，也有太多的选择需要做。作为父母，一定要从孩子小时候，就培养孩子坚定不移的品质，也要鼓励孩子对自己的人生负责，对于自己人生中做出的每一个决定都决不后悔。在孩子因为决定失误而对自己产生怀疑时，父母也不要批评和否定孩子，而要告诉孩子：人生无悔。唯有勇敢地承担起自己的责任，在人生道路上坚定不移做出自己的选择，才能创造属于自己的完美人生。

著名的成功学大师——拿破仑在小的时候并不招人喜欢，他非常敏感细腻。在对生活进行仔细地观察之后，拿破仑发现很多机会都是转瞬即逝的，他稍一犹豫，那些机会就一去不返，再也不会出现。想清楚这个问题之后，拿破仑不管做什么事情，都会当机立断，再也没有因为拖延而失去机会。

有一次，拿破仑得到采访卡内基的机会，为了把这次采访做好，他提前做好了准备。采访过程中，他与卡内基侃侃而谈，并且时不时地把重要的采访内容记录在自己的采访本上。正当拿破仑投入于采访之中时，卡内基突然问拿破仑：“你愿意花费20年的时间，不要报酬，对那些举世闻名的成功人士展开调查和研究吗？”拿破仑脑海中回响着“不要报酬”这几个字，不由得思考自己如何生存呢？然而，他当即又想道：“能够与举世闻名的成功人士进行近距离交流，这本身就是最大的回报！”所以他当机立断回答卡内基："我愿意！"卡内基惊讶极了，因为他已经问过一百多位年轻人，从未有人像拿破仑一样符合他的预期，在60秒之内就能给出答案。就这样，卡内基次日就利用自己的人脉关系联系了众多采访对象，拿破仑也开始了自己崭新的事业征途。最终，拿破仑真的如同卡内基当初发问的那样，用了整整20年的时间采访完这些世界顶级的成功人士。他根据自己20年来辛苦积累的第一手资料，成功完成了著作《成功规律》，也开创了自己事业的巅峰。

一个习惯于拖延的人，很难发现人生的真相。尤其是在好机会面前，他们更容易因为犹豫不决，错失良机。当然，孩子勇敢果断的风格既不是与生俱来的，也不是朝夕之间形成的，而是要悉心培养和渐渐形成的。

父母要想引导孩子更好地把握人生，就要从生活中的小事情开始，培养和锻炼孩子勇敢地做出选择的能力。有些父母，不管大事小事，总是为孩子代劳，由此导致孩子习惯于依赖父母，也缺乏勇气做出自己的选择。殊不知，人生最怕的不是失败，而是不敢面对，很多时候哪怕走下坡路，也比原地踏步要好。明智的父母，从现在开始就要引导孩子为自己的人生负责，从点点滴滴入手，帮助孩子渐渐形成自己的主见，也变得越来越独立。当然，父母的言传身教作用很重要，唯有给孩子树立积极正面的榜样，孩子才能避免拖延，也才能最大限度地激发自身的潜能，发挥最大的力量，让自己拥有充实精彩的人生。

6.拖延的孩子，总是错过成功

人人都渴望成功，都希望自己的人生能够万众瞩目，也希望自己的人生过得从容潇洒。成功从来不会从天而降，更不会一蹴而就。从本质上而言，成功既不是一种理念，也不是一种愿望，更不是人生的态度，而是千里之行，始于足下，必须踏踏实实、切合实际地努力，人们才有可能获得成功。曾经有心理学家说，人与人从先天的角度来说，其实是没有太大区别的。而人们之所以后天发展迥异，就是因为每个人成长的环境不同，后天的努力程度也各不相同。尤其是在面对人生中的机遇和各种坎坷挫折时，不同的态度更会导致截然不同的结果。

作为父母，当然都是望子成龙的。然而，培养孩子是一个漫长而又耗费心力的过程，需要父母付出长久的努力。常言道，种瓜得瓜，种豆得豆，实际上养育孩子并非如此。很多时候父母付出了很多，甚至已经拼尽全力，也未必能获得想要的结果。从孩子呱呱坠地开始，父母都幻想着孩子与众不同、出类拔萃，然而随着孩子的渐渐成长，对父母而言最难的事情就是不得不认清孩子很平凡的事实。在心中无数美好的幻想和期盼都如同肥皂泡般幻灭之后，孩子所表现出拖延的行为习惯，父母难免觉得大失所望。父母也必须意识到，孩子的成长是不可控的，父母只能尽力为孩子提供成功的便利条件，却不能强求孩子成功。为了给孩子铺就成功的道路，父母可以引导孩子戒除拖延的坏习惯，更要告诉孩子，一旦有了好主意，就要当机立断，才能把创意变成现实，把“金点子”变成成功。

现实生活中，很多人在看到他人获得成功之后，总是遗憾地说：“其实，我早几年就这么想了，要是我当时做了就好了。”说出来这样的话有什么意义呢？只是徒增无限的懊恼而已。任何好的想法，如果只是停留在空想阶段，那都是毫无意义的。所以，哪怕孩子还小，父母也要培养他们当机立断的品质和作风，更要告诉孩子行动才是通往成功的第一步。

自从升入小学四年级，每当妈妈提起让小笔去练字的时候，小笔总是不断地推托，常常以各种理由逃避。小笔很擅长写作文，文采斐然，因而在区里要举行作文比赛时，老师推荐让小笔代表班级参加学校的选拔赛。正如老师所预料的，小笔顺利通过选拔赛，成为学校参加作文比赛的代表学生之一。不过，学校选拔赛的评委老师也特意对小笔提出：“小笔，你的作文写得非常棒，但是你的字还需要好好练习，更进一步。否则，你的作文卷面分会丢很多，那就吃大亏了。”

参加区里的作文比赛，作文题目正好是小笔擅长的，为此小笔大笔一挥，洋洋洒洒，写得不亦乐乎，后来，他还把自己草稿的内容带回来交给语文老师看。语文老师评价小笔的作文立意新颖，取材开阔，一定能够得到不错的名次，说不定还能博得第一名的好名次呢！小笔也满怀憧憬，渴望着比赛出结果的那一天。没过多久，比赛结果公布，小笔没有取得名次。小笔很失落，老师在安慰小笔胜不骄、败不馁之余，也再次提醒小笔：“小笔，光是作文写得好没有用啊，如果字写得不好，非常潦草，只会导致阅卷老师看都没有耐心看，于是就会给一个低分。”小笔有了这次吃亏的经验，主动向妈妈提出练字，也每周都坚持去练习两到三次。渐渐地，他的字有了很大进步，看起来赏心悦目多了。六年级时，小笔再次代表学校去参加作文比赛，果然获得了一等奖。

如果小笔能够在妈妈的建议下尽早练字，那么他的文学才华在四年级参加作文比赛的时候，就能得到验证，也为他争得荣誉。偏偏小笔没有练字，妈妈虽然总是建议小笔练字，却也没有把这件事情提上日程。为此，小笔练字的事情就拖延下去。直到小笔在作文比赛中失利，他才意识到练字的重要性。人们常说，只有有准备的人才能抓住成功的机会，对于孩子而言，也是如此。尤其是在学习的过程中，很多基本功都要坚持去练，才能在用到的时候，信手拈来，取得好的结果。很多人提起微软就会想到比尔·盖茨。实际上，比尔·盖茨在创业之初，是和同学一起合作的，但是那个同学最终不愿意放弃现有的一切和盖茨重新开始，最终失去了成为微软老板之一的大好机会。

任何好的创意或者是堪称"金点子"的想法，如果不能切实落到实处，最终就会落空，成为空想，变得毫无意义。尤其是对于孩子而言，人生才刚刚开始，自然会面对很多机遇，甚至是千载难逢的机会，一定要勇敢地抓住机会，才能有效地改变人生。其实很多时候不是没有机会，只是没有准备的人无法抓住机会而已。所以，父母要从小教育孩子勇敢地面对现实，坚决果断地下定决心，这样才能成为人生的主宰，掌控自己的命运。

7.拖延，使孩子落后于人

现代社会竞争激烈，父母不但要承担起照顾孩子的责任，还要拼尽全力在社会上打拼，渐渐地他们感觉到压力越来越大，也导致自己更加迫切地望子成龙。很多父母都把“不要让孩子输在起跑线上”作为自己人生的信条，从而也把自身没有完成的人生梦想寄托在孩子身上，或者把自己身上的巨大压力转嫁到孩子身上，这样一来，孩子自然感到压力山大，也觉得无力承受。有些父母更是不计后果地给孩子报名参加各种补习班、兴趣班或培训班等，导致孩子不堪重负。这样的做法非但不会使孩子比其他孩子领先，相反很有可能使孩子因为压力大而出现拖延的情况，反而落后于人。孩子的成长有其自身的规律可循，父母只需要引导孩子即可，而不要强求改变孩子。当孩子因为内心的节奏而表现出慢的特点时，不要心急如焚地催促，而要相信孩子始终在保持进步。所谓量变引起质变，孩子的成长也需要日积月累的过程，才能取得质的突破和飞跃。从本质上而言，不让孩子输在起跑线上，关键在于父母要有先进的思想和意识，从而才能有效地引导和激励孩子。父母要尊重孩子的天性，根据孩子的脾气秉性和身心发展的特点，有的放矢帮助孩子制订计划，促使孩子取得真正的进步。

当然，这里也要区分孩子天性的慢节奏成长和故意拖延。有些父母会说，如果孩子总是慢吞吞的，如何能够快人一步呢？不要担心，孩子的慢分为很多种：有的慢是孩子内心的节奏决定的，符合孩子处于特殊生长阶段的特点，在内心节奏导致的“慢”之下，父母要耐心等待孩子成长；有些孩子的“慢”是因为具体的原因导致的，只要有的放矢地消除问题，也是可以快起来的。只有在断定孩子是拖延的情况下，父母才要引起重视，帮助孩子积极地戒除拖延。归根结底，决定孩子成就的不仅是积极的心态，也要配合以积极的行动。所以，父母要有意识地培养孩子积极的心态，也要用心地帮助孩子养成积极的行为习惯，这样孩子才能真正做到快人一步，获得比他人更多的机会，也让人生多一些胜算和把握。否则，孩子就会因为拖延而错失很多机会，也因为拖延而落于人后，无法步步领先。

曾经，有三个人结伴去沙漠里旅行。沙漠无边无际，他们显然低估了沙漠的广阔，也低估了沙漠中恶劣的气候条件，因而他们带的水在距离结束沙漠旅行还有两三天的路程时，就只剩下小小的一瓶。三个人都忧心忡忡，不知道接下来的旅程没有水怎么办。夜晚，他们都忧愁地睡下，每个人都心知肚明，他们明天一早就要面对如何分配这瓶水的难题。

次日清晨醒来，有一个人说：“昨晚睡觉，我在梦中见到了上帝，上帝说我应该喝掉这瓶水，因为咱们三个人中我之前的饮水量是最少的。”另外一个人也说：“我也梦到了上帝，上帝说我负责为大家带路，作用最大，所以让我喝掉这瓶水，这样我才能带领大家走出茫茫的沙漠。”这个时候，第三个人说：“你们与上帝见面都太晚了。我昨天晚上入睡之前就见到了上帝，他就站在这里，让我喝掉这瓶水，以免我们三个人一觉醒来因为这瓶水反目。我觉得上帝说得很有道理，也为了维持我们内部的和平，所以就把一瓶水都喝光了。”

听到第三个人的话，前两个人都瞠目结舌，然而既然第三个人已经把水喝了，为了保持团队的力量，他们并没有过于指责和刁难第三个人。

这虽然是一则引人发笑的故事，却蕴含着深刻的道理。乍看起来，第三个人很不讲义气，但是他快速的行动力值得每个人学习。很多事情的确如此，一旦错过时机，就会导致彻底失败。所以，最重要的不是有好想法，而是要立即行动，以实际行动领先于人，才能真正比他人更先进一步。

随着时代的发展，社会上的竞争越来越激烈。孩子们在长大成人之后要想在竞争中脱颖而出，就要学会积极主动对待一切事情。一个慢慢吞吞、不管做什么事情都缺乏主动性且要等着他人来安排的人，是很难掌控人生的，也会距离成功越来越远。所以，明智的父母既不会过于安排孩子的人生，导致孩子因为压力大而拖延，又会有意识地培养孩子果断行动的执行力，从而让孩子真正做到快人一步。有的时候，表面上的快实际上是慢，表面上的慢却是稳扎稳打，是“磨刀不误砍柴工”的表现，也会对事情的发展起到最好的效果。所以，父母要根据孩子的身心发展特点，也根据事情的进展情况，有的放矢地帮助孩子加快节奏，也使得孩子对于成长中的各种事情始终保持积极的心态，以超级行动力迈向成功，只有这样孩子才能远离失败，距离成功越来越近。

第五章
走进孩子内心，铲除拖延的根源

常言道，有因必有果，这个世界上一切的表象背后，都有深层次的原因。孩子拖延也只是行为上的表象而已，父母要想帮助孩子彻底戒除拖延，使自己对孩子的帮助事半功倍，首先要走进孩子的内心，了解孩子的心理状态，才能彻底铲除孩子拖延的根源。

1.不感兴趣，让孩子动力全无

常言道，兴趣是最好的老师。别说是孩子，就算是成年人面对自己不感兴趣的事情时，也会特别懈怠，根本不愿意主动做事情，更不会全身心投入地去完成事情。这一切都是兴趣惹的祸，不感兴趣是使人乏味倦怠的根本原因之一。可想而知，孩子在对事情完全不感兴趣的情况下，如何能全心投入和拼尽全力地做好事情呢？所以，当孩子对自己不感兴趣的事情表现出倦怠时，父母不要指责孩子，而要思考孩子拖延的原因。

现实生活中，很多父母只顾着孩子的吃喝拉撒，觉得只要满足孩子基本的生理需求，就是合格的父母。殊不知，做父母是每个人人生中最重要也是难度最大的事业，必须长久地付出努力，多多用心，才能更好地陪伴孩子成长。所以，父母除了照顾好孩子的基本生活之外，还要多多关注孩子，了解孩子的兴趣爱好。当父母知道孩子的兴趣所在，就可以引导孩子在自己擅长的方面发展，兴趣让孩子有充足的动力。当孩子表现出兴味索然的样子时，父母最需要做的就是激发孩子的兴趣。很多孩子因为年龄的限制，心智发育不成熟，人生经验匮乏，所以无法客观认知和评价自己。对于自己到底对什么事情感兴趣，他们也不是很明白。在这种情况下，父母应该加深对孩子的了解，从而有的放矢地帮助孩子多多尝试，找到自己感兴趣的事情，这样孩子才能提起兴致做事情。细心的朋友会发现，父母越是独断专横，强迫孩子做他们不喜欢做的事情，孩子就越容易拖延。这是因为孩子是弱势群体，他们的力量有限，无法与父母抗衡，那么在无奈中被父母强制安排甚至是逼迫着做某件事情时，他们就会无限拖延，以这种消极抵抗的方式敷衍和应对父母。这无疑是一种恶性循环，渐渐地，孩子们的拖延状况会越来越严重，也会影响孩子生活和学习的方方面面。

其实，父母如果能够设身处地为孩子着想，就会知道孩子是有独立精神和意志的个体，作为父母，理应尊重孩子的意愿和选择。举个简单的例子，很多父母在工作的过程中，虽然明知道某项工作是应该迅速完成的，却因为自己倦怠或者对工作不感兴趣，而会把工作拖延下去。甚至有些时候，父母拖延完成一件事情没有任何原因，只是觉得自己当时不愿意去做。那么孩子呢？难道因为父母的意愿，他们就必须完成自己不喜欢做的事情，而且连推辞和拒绝的权利也没有吗？也许有些父母会说，孩子还小，不能理智思考和选择。对于很多非常重要的大事情，的确不能完全交给孩子去决定和处理，但是对于涉及孩子个人兴趣以及心情的小事情，父母应该给予孩子一定的时间和空间，从而让孩子更好地面对自己。此外，父母还可以借此机会培养孩子的兴趣，让孩子找到自己真正感兴趣和擅长的事情。

凯威是个身体瘦弱的男孩，长得又瘦又高，因为体质不好，还常常生病。暑假到了，为了帮助凯威增强体质，妈妈特意给凯威报名参加了篮球培训班。然而，凯威不喜欢参加篮球训练，每次去上课之前，都会和妈妈一番理论，才心不甘情不愿、磨磨蹭蹭地去参加训练。

有段时间，正在学习投篮，凯威一开始因为总是投不中而感到很苦恼，再次和妈妈提出不想学习打篮球。每次去上课之前，凯威都要在家里磨蹭很久。妈妈思来想去，认为凯威之所以排斥和抵触打篮球，就是因为他对篮球不感兴趣。为此，妈妈找到凯威的表哥，请表哥抽出时间带着凯威打篮球。表哥可是篮球高手，在表哥一对一的陪练之下，凯威终于能把球投入篮筐里。表哥还组织了一次菜鸟联盟赛，在比赛中，队友和对手都是和凯威一样的入门级学员，为此凯威凭着身高的优势，居然进了三个球。至此，凯威从对篮球没有兴趣到对篮球非常感兴趣，再也不在参加篮球训练前磨蹭和拖延，反而总是兴致勃勃地去练球，还问妈妈是否可以和教练商量下，趁着暑假多去练几次球呢！

凯威一开始不喜欢篮球，所以每次参加篮球训练都会拖延，推三阻四不愿意去。后来，在妈妈的精心安排下，凯威和表哥一起练习篮球，还在表哥组织的菜鸟联盟赛中表现出色，为此，他才对篮球产生兴趣。这样一来，练习篮球的难题迎刃而解，凯威从排斥和抗拒练球，到积极主动地练球，再也不拖延了。孩子的很多表现都在告诉父母，对于不感兴趣的事情，他们是会心生厌烦的，也会以拖延来消极抵抗。这是孩子拖延的根源之一，一旦发现孩子拖延的真正原因只是缺乏兴趣，父母要做的不是强迫孩子接受父母的安排，而是要调整自己的思路，发现孩子的兴趣所在，从而引导孩子更好地成长。

总而言之，孩子有权选择和决定自己喜欢什么、不喜欢什么，在一定范围内，他们也有权决定自己做什么或者不做什么。当然，每个人都有自己的优点和缺点，也有自己感兴趣的和厌烦的，孩子也不例外。父母唯有尊重孩子的兴趣，顺应孩子的天性，有的放矢地培养和发展孩子的兴趣，才能激发出孩子的积极主动性，让孩子更乐于学习，也更愿意积极地面对学习。俗话说，“牛不喝水强按头”。父母如果总是强迫孩子，只会引起孩子逆反，而无法让孩子心甘情愿顺从父母的安排。有些事情，需要以退为进或者需要采取旁敲侧击的方式，并非以硬碰硬就是好的。明智的父母会选择最恰当的方式与孩子交流，也会想方设法激发孩子的兴趣，给予孩子自主选择的空间。只有多方面努力，孩子才会变得更加积极主动。

2.叛逆，使孩子故意与父母唱对台戏

当孩子处于身心快速发展的阶段，自我意识越来越强，变得不愿意听从外界的安排，甚至对父母的苦心安排不以为然，这就意味着孩子正在经历叛逆期。那么，孩子在成长过程中到底会经历几个叛逆期呢？对于这个问题，不同的心理专家会给出不同的回答，最重要的划分依据就是孩子身心发展在不同阶段的特点。然而，每个孩子都是截然不同的生命个体，也许有些规律适用于某些孩子，但是换到另外一些孩子的身上就完全不适用了。在这种情况下，父母要有的放矢，可以以心理学理论知识作为借鉴，但是不要完全迷信心理学理论知识，而是要以了解和理解孩子为基础，针对孩子的个体差异，选择以不同的教育方式和方法教育孩子。

从心理学的角度而言，孩子的第一个叛逆期出现在两岁半到三岁左右。这个阶段，父母会突然发现曾经对自己百依百顺的孩子，变得特别叛逆，总是把“不”挂在嘴边，甚至故意与父母对着干，绝不愿意妥协。没关系，这恰恰是好事情，意味着曾经在你怀抱中成长的那个婴儿已经长大了，开始有主见了。经历过第一个叛逆期后，孩子在7～9岁时，还会经历第二个叛逆期。在这个叛逆期里，孩子已经懂事，所以自我意识更强，对于很多事情都想自己做决定，父母会发现原本孩子喜欢和父母牵手一起走，现在突然要和父母一前一后地走路了。这意味着孩子不想再依附于父

母，而渴望成为独立的个体。这个时期，为了和孩子更好地相处，父母一定要改变以往对孩子发号施令的教育模式，要给予孩子更多的尊重、理解和平等对待，这对于亲子关系是有很大好处的。否则，如果父母依然对孩子颐指气使，孩子就会刻意逆反父母，不但导致亲子关系紧张，而且也使得孩子对于父母的安排总是不愿意服从，故意拖延。第三个叛逆期，在孩子 12 ～ 15 岁，这也是大多数父母都非常头疼的青春期。在三个叛逆期中，这个叛逆期是最让父母感到焦虑紧张的，这是因为青春期的孩子介于儿童和成年人之间，说懂事就懂事，说不懂事的时候又非常不懂事。他们不但有独立思维的能力，而且具备行动的能力，所以父母对他们的管教要特别小心，既要照顾他们脆弱的自尊心，也要把握好管教的度，避免激起他们的叛逆心理，带来严重的后果。很多青春期的孩子动辄离家出走，或者因为和父母的疏离误入歧途，这显然是每一位父母都不想看到的情况。在青春期，父母们都会发现的现象就是，孩子似乎一夜之间变成了父母的仇人，父母说要往东，他们偏偏拖延着不愿意往东，最后反而朝着西边去了。这让父母无可奈何、啼笑皆非，也让父母对孩子无计可施。也有父母认为对于青春期阶段的孩子使用激将法是很适宜的，这是因为激将法之下可以避免孩子故意拖延，反而更加积极主动展开行动。

这里，我们要重点讲述的，正是青春期孩子的叛逆。尽管每一位父母都希望孩子对自己言听计从，但是不可否认，如果孩子到达一定的年纪依然对父母俯首帖耳，那么孩子的个性一定有所欠缺，根本没有得到良好的发展。尤其是青春期，正是人生中必经的正常阶段，这个阶段孩子要完成一个人的社会化，此时很多孩子的逆反是因为父母不了解孩子的身心发展特点。也有些父母跟不上时代，却还强制要求孩子必须听父母的。当然，如果孩子在幼年时期缺乏父母的陪伴或者父母的教养方式有问题，他们还会出现心理营养缺失的情况。等到了青春期，这些问题的负面影响和作用会集中爆发，因此，哪怕青春期孩子因为各种原因而做出过激的言行举止，父母也要更加理解和尊重他们，给予他们更多的空间去自由地成长。所谓哪里有压迫哪里就有反抗，如果父母只想通过强制的方式让青春期孩子屈服，效果往往很差。父母要选择合适的方法，与青春叛逆期的孩子相处。对于孩子而言，他们最渴望得到的就是父母的尊重、允许与陪伴。很多时候，孩子并不是真的想以叛逆或拖延的方式与父母对着干，而只是想要获得父母的尊重和认可。所以，与青春期的孩子相处的一大法宝，就是把他们当成朋友，也给他们自由自主选择的权利，这也正是很多青春期的孩子不遗余力为自己争取合理待遇的原因。

很多有青春期孩子的家庭，父母与孩子的关系紧张，很多父母面对孩子的问题无能为力、左右为难，这是父母与孩子相处的方式出了问题。虽然青春期的孩子已经懂事，但是父母需要注意，在这个阶段的亲子关系中，父母依然占据主导地位、起到主导作用，所以与青春期孩子的关系是亲密还是疏离，很大程度上取决于父母对待孩子的方式。父母要记住，对待青春期孩子不要命令、强迫，而要引导、尊重、允许、支持、征求建议，不唠叨。当孩子处于青春叛逆期的特殊阶段，父母要想与孩子关系融洽，首先要设身处地为孩子着想，尽量理解孩子的想法，在有矛盾冲突时，也能够主动对自己的态度和观点进行调整，这样孩子才能感受到父母的努力，也不会始终觉得父母不理解自己，甚至为此感到苦恼。从根本上而言，青春期的孩子也许已经长得比父母还高，但是他们的心理依然处于不成熟的阶段。作为父母，与其以不理解和不尊重的态度激发孩子的叛逆心，不如以更温和的方式与孩子沟通，最终达成一致。

当然，孩子处于青春期之所以叛逆，不完全是心理原因，也有可能是生理原因导致的。例如，孩子在青春期身心快速发育阶段，体内的激素水平会发生变化，所以父母也要多多理解和体谅孩子。如果父母觉得自己无法使孩子完全敞开心扉，还可以鼓励孩子多结识同伴，让孩子更多地与同伴交流。任何时候，情绪都需要一个宣泄口，父母要做孩子情绪的垃圾桶，也要做孩子情绪的引导者，更要成为孩子成长的陪伴者和领路人。

当处于青春期的孩子变得拖延时，父母首先要看孩子是否因为某种原因产生了逆反心理。一旦确定孩子处于逆反状态，为了防止孩子的拖延变本加厉，也为了缓解孩子的逆反心理，父母要当即放松对孩子的约束和限制，给孩子更大的自由空间，也可以采取舒缓的方式引导孩子。这样，孩子因为逆反产生的反作用也会更小一些。其实，很多孩子之所以逆反，就是因为父母过于关爱和呵护孩子，因而渐渐地演变为控制和压制孩子，使得孩子感觉到即将窒息的痛苦。

父母必须端正对于孩子逆反的态度，意识到这是孩子人生中必然经历的阶段，而不要对孩子一味压制。父母要引导孩子走好人生的道路，也会让孩子越来越亲近和信任父母，而不是使自己与孩子之间的关系恶化和紧张，最终迫使孩子疏远父母、远离家庭。因而，对于青春期孩子的父母来说，认真倾听孩子、尊重孩子、理解孩子，是与孩子建立友好相处模式的先决条件。父母与孩子的对话不是建议、命令、说教、道理，而是赋能、开启，引导孩子思考，让孩子自己醒觉。

3.压力，让孩子不堪重负只想逃避

在成年人的世界里，关于压力有一句非常经典的话，即压力越大，动力越大，把压力转化为动力就能获得成功。的确，这是对于强者的诠释，也是很多成年人面对压力重重的生活时不得不拿来安慰自己的话。然而，这句话说起来简单，真正想要做到却很难。对于成年人尚且难度重重，可想而知孩子要想把压力转化为动力，简直是不可能完成的事。孩子更多地需要鼓励和支持，一旦压力过大，他们稚嫩的心灵只想逃避，根本不想勇敢面对。这是人趋利避害的本能决定的，不是孩子胆小怯懦，而是人人都希望得到生活的善待，不愿意面对生活的艰难。

如今，很多父母都对教养孩子存在误区，觉得孩子是自己生养的，所以自己理所当然对孩子拥有指挥权和做主权。还有些父母甚至打孩子，不得不说，这是父母在孩子小的时候，仗着自己的力量大，因而情不自禁表现出以大欺小的行为。在我们的训练课程上，我常对父母说，你现在还打得过孩子，隔几年你打不过了又该怎么办呢？扪心自问，当身强体壮的父母打孩子时，难道不是因为孩子还小吗？如果孩子已经身高一米八、体重180斤，父母还会打孩子吗？欺软怕硬也是人的劣根性，哪怕父母对孩子，也会受到这种本能的影响。也许有的父母觉得自己是因为孩子长大了，要给孩子留面子，才不打孩子的，实际上，父母有相当一部分原因是因为孩子大了，打不动了。只不过大多数父母都是潜意识地对待孩子，而没有深层次剖析自己内心深处的原因。

父母应该尊重孩子，给予孩子平等的对待，最重要的是在孩子面前收起自己的优越感，从而理智平等地对待孩子。曾经有位名人说，要做和善而坚定的教养者，这句话非常全面地诠释了父母在孩子面前应该表现出的姿态。既不要歇斯底里、疯狂冲动，也不要对孩子颐指气使、居高临下，更不要总是以威严压迫孩子，树立所谓的父母权威。唯有如此，孩子才能在父母面前从容地成长，而不会觉得紧张局促。遗憾的是，很多父母在这个方面做得不够好。他们常常不知不觉间就会“压迫”孩子，当孩子无法承受压力而做出很多逃避行为时，他们依然不自知。诸如拖延，就是孩子逃避压力的最常见方式之一。当然，这种方式也是相对和平的方式。有些孩子性格暴躁、内心脆弱，甚至还会以更加极端的方式对抗压力，最终让人扼腕叹息。

很多父母抱怨孩子与自己不够亲，羡慕人家的孩子和父母就像朋友一样亲密无间，实际上，正是父母把自己高高凌驾于孩子之上，才使孩子与父母越来越疏远。试想，有哪个孩子不愿意与父母亲近呢？小一些的孩子，会因为父母的威严惧怕父母，等到渐渐长大，他们又会对父母表示完全不理解，甚至心生叛逆。这样一来，亲子关系只会越来越生疏。所以，父母要想与孩子建立良好的关系，应该减少对孩子的威慑感，尽量亲切友善地对待孩子。当父母与孩子成为朋友，不管孩子有任何事情都与父母倾诉，亲子关系也必然越来越好。在这种情况下，孩子还有必要以拖延的方式来逃避父母的压力吗？根本就没有压力，他们当然也无须逃避；即使有压力，导致内心产生情绪波动，孩子们也会因为信赖父母，而选择积极主动地与父母沟通，从而消除误解，解决问题。

睿睿读五年级了，他是个很乖的孩子，也比较听父母的话。但是有段时间，他迫不及待想要逃离妈妈身边，甚至宁愿去远在农村的奶奶家生活。这到底是为什么呢？原来，睿睿期中考试成绩突然出现大的波动，导致妈妈非常紧张，几乎每天都盯着睿睿学习。有的时候，睿睿好不容易努力提前完成老师布置的作业，想要休息一会儿，妈妈看到睿睿走出房间，立刻就会安排他写课外作业。

睿睿稍微表现出不满意的样子，妈妈就会喋喋不休："你已经很幸福了好吧，你们班的同学经常上课外班，到晚上七八点才回家，不是也要完成学校里的作业嘛！他们不知道得写到几点呢！你要是不愿意配合在家写课外作业，那么我就给你报补习班，你不但要跑着去上课，回家还要写课内和课外的作业，你自己选择吧！"妈妈的话一说完，睿睿就会火冒三丈，为了写作业的事情，他不知道和妈妈吵过多少次架。偏偏妈妈又是个很强势的人，总是对睿睿颐指气使，每次吵架也非要把睿睿说得哑口无言才肯罢休。渐渐地，睿睿越来越反感妈妈，完成作业时也不像以前那么积极了。原本两个小时能完成的作业，睿睿为了逃避课外作业，非要拖延到四五个小时才完成。这样一来，睿睿常常觉得生活非常压抑，过度地消耗时间和精力，也让他疲惫不堪。有一次和妈妈吵架，他脱口而出："我要去奶奶家，也比和你在一起好。我就是故意拖延的，因为我不想做课外作业，你能怎么办？！"听到睿睿这样的话，妈妈伤心极了，同时也恍然大悟，原来睿睿的问题出在她的身上。

孩子的很多问题都能在父母身上找到根源，孩子既是父母的镜子，也是父母的联动装置，和父母总是联动发生反应。大多数亲子之间的矛盾，都是因为亲子沟通不到位，导致亲子之间缺乏信任形成的。可以说，沟通是人际关系的基础，哪怕亲如父母子女，也需要拥有良好的沟通，才能彼此理解和信任。事例中，睿睿之所以总是拖延写作业，导致总是要到半夜才能完成作业，是因为妈妈给了他巨大的压力。孩子在经过一天的学习生活后，也很辛苦，也希望在努力完成作业后可以得到时间休息。但是妈妈偏偏不给睿睿时间休息，总是见缝插针地用课外作业把睿睿的时间安排得很满，导致睿睿总是很被动。为此，睿睿只能消极抵抗，极力拖延学校的作业，使得妈妈无计可施。

不得不说，如今的父母太过焦虑了。对于父母而言，让孩子保持快乐的心境很重要。父母也会有这样的感受，即如果心情愉悦，哪怕工作累一些，也不觉得累。但是如果心情不好，那么工作效率就会大打折扣，也会使工作无法取得预期的结果。快乐的心情，是成功完成一切事情的基础，也是亲子之间建立良好关系的前提条件。

需要注意的是，父母对孩子既不能一味严厉，也不能一味宠溺。唯有宽严适度，父母才能在孩子心目中既有威信，也和蔼可亲。尤其是如今很多父母对孩子寄予厚望，总是把孩子与其他优秀的孩子比较，却不知道这样的做法是最容易伤害孩子自尊心的。正确的做法是把孩子的今天与昨天比较，只要孩子是有进步的，那么孩子就是值得赞赏和鼓励的。这不但能够帮助孩子树立自信心，也有助于建立良好的亲子关系，加深亲子感情，可谓一举数得。当孩子面临压力，很多时候会导致效率低下，而且在想逃的时候，大部分孩子不是压力越大、动力越大，而是逃避，等待时间过去，也让拖延成为不可更改的现实。这个时候，孩子更需要父母的引导、疏通情绪，从而才能走出情绪的旋涡，有效面对压力，逐渐形成承受压力的能力，让做事情事半功倍。当然父母也要注意，要有节奏地安排孩子的学习和生活，做到劳逸结合，不要把孩子的日程安排得太紧张，导致孩子无法得到喘息的机会。孩子的成长是个漫长的过程，总是要慢慢进步，才能一步一个脚印成长，揠苗助长是决不可行的。

4. 失败综合征，让孩子止步不前

人生的道路从来不是一帆风顺的，对于孩子而言，在不断学习的过程中，失败更是家常便饭。有些孩子也许能在失败的打击下尽快恢复过来，重整旗鼓，让自己再次充满信心和勇气勇往直前，但是大多数孩子的心理比较脆弱，往往很难接受失败，也无法从失败的沮丧中走出来。因为接二连三的失败，孩子们会对自己失去信心，不管做什么事情都畏首畏尾、缺乏信心，在心理学上，这种现象叫“失败综合征”。和普通的失败不同，“失败综合征”不是由能力不足或者水平太低导致的，而是因为心理在失败之后产生创伤，甚至不经过尝试和努力，就对失败的最终结局认命。不得不说，孩子们一旦出现失败综合征的情况，就很容易深陷其中，很难摆脱，但是他们迫于父母的压力，又不能直截了当拒绝，所以就会表现出畏缩和拖延。面对因为失败综合征而陷入拖延状态的孩子，父母应该怎么做呢？

很多父母对于孩子要求过高，当孩子的表现不符合他们的预期时，他们马上就会否定孩子，甚至批评孩子。有些父母还会不分青红皂白地训斥孩子，导致孩子信心全无。也有些父母不停地唠叨，从表面看起来是在帮助孩子寻找原因、分析失败，但是很少有父母能够做到真心在意孩子的感受。大部分父母与孩子的内心处于隔阂的状态，对孩子的成长过于急功近利，只关注孩子努力的结果，而不关注孩子在努力过程中的心理动态和情绪困惑。还有些父母因为孩子的一次失败，就完全对孩子失去信心，甚至以不负责任的话给孩子贴标签，导致孩子“破罐子破摔”，再也不想努力改变现状。面对表现出失败综合征的孩子，父母一定要有足够的包容心。成年人也会经历人生的低潮期，更不能保证自己做的每件事情都马到成功，更何况是孩子呢？成年人在遭遇失败的打击之后，也会畏缩怯懦、止步不前，总是处于拖延的状态之中无法自拔，更何况孩子呢？父母要认识到，孩子处于学习的关键时期，出现错误或者遭受失败，对孩子来说都是很正常的现象。对于孩子，父母既要锦上添花，更要雪中送炭，毕竟父母是孩子最亲近的人。在孩子感到无助的时候，父母必须多多鼓励孩子，给孩子最坚实的依靠，才能帮助孩子再次充满信心和勇气去面对困难。对于孩子因为失败综合征出现的拖延状态，鼓励比否定与批评效果更好。

尤其是，很多父母对于孩子的学习特别关心，在他们眼里，只有学习和成绩才是最重要的，孩子本身反而退居其次，常常被父母忽视。孩子正处于身心发展的关键时期，很多时候，孩子在学习方面的表现并不稳定，这也是孩子们学习成绩经常波动的原因。在这种情况下，父母一定要 hold 住。有些父母，随着孩子的成绩起伏，情绪也像坐了过山车，总是时而高兴、时而忧愁，时而还会对孩子大发雷霆，这无疑会加重孩子对于学习成绩的在乎，导致孩子更身陷“失败综合征”中无法摆脱。自然而然地，孩子就会因为缺乏自信、惧怕失败而变得更加拖延。面对孩子的拖延，父母又会更加失望和沮丧，因此导致孩子的情绪陷入恶性循环之中。作为父母，唯有及时发现孩子心理状态的改变，及时采取有效的措施激励和鼓舞孩子，孩子才会更加健康快乐地成长，也才会从拖延的状态中挣脱出来，带着父母的爱与信任勇敢地前行。

从小学升入初中，原本成绩在班级里排名前十的桃子，突然间成绩一落千丈。妈妈很纳闷，因为桃子小学期间成绩一直很稳定，她百思不得其解桃子为何出现这样的变化。有段时间，妈妈怀疑桃子早恋了，因为很多人都说孩子只有早恋，才会出现如此惊人的变化，也会导致成绩下滑严重。但是一时之间，妈妈又无法求证，因而心中揣着怀疑。

有一次，桃子在月考中的成绩依然处于班级里中下游水平，看着桃子拿回家的成绩，妈妈阴阳怪气地说："哎哟，饭没少吃，成绩这是怎么了，难道是没吃饭吗？那么多好东西，是不是都吃到狗肚子里了，给我考回这么点儿分！"桃子当天晚上连饭都没有吃，哭了一个晚上。还有一次，桃子没考好，妈妈居然准备了一根戒尺，狠狠地打桃子的手掌心。妈妈原本以为以这样的方式能够激励桃子进步，却没想到桃子原本还努力学习，渐渐地对学习越来越懈怠。有的早晨，桃子拖延着不愿意去学校；放学回到家里，又拖延着不愿意写作业。因为桃子放学比较早，回到家里她就开始看电视、看电脑、玩手机，甚至无所事事地躺在床上，就是不愿意拿出书本写作业。

一个学期之后，桃子的成绩居然下滑到了班级倒数第三名。妈妈简直气得心脏病都要犯了，恨不得狠狠地揍桃子一顿。然而她压抑住自己心中的怒气，毕竟在此之前她对桃子打也打了，骂也骂了，都没有什么效果啊！妈妈如同一只泄了气的皮球，无奈地问桃子："你这是想把我气死吗？"桃子看到妈妈语气不是那么激烈，因而委屈地问妈妈："妈妈，我是不是天生就很笨啊，我现在对学习一点儿信心也没有，每次考试都吓得要死，连原本会做的题目也都错了。而且，我觉得我是无可救药了，不管我怎么努力，都不可能提升学习成绩。我现在每天只想待着，一提起学习就很头疼，我不想上学，也不想写作业，更不要考试。"妈妈突然意识到自从升入初中后，她在桃子第一次考试没考好时就开始否定和批评桃子，导致桃子现在毫无信心了。妈妈意识到问题的严重性，赶紧安抚桃子："不是的，你小时候非常聪明，而且你也很勤奋，我想你应该是还没有适应初中的学习节奏。你一定要有信心，主动面对困难，迎难而上，才能摆脱困境。你要和拖延的心态做斗争，要逼着自己去做，不要任由自己拖延，否则就会变得越来越沮丧。”后来，妈妈咨询心理专家，才知道桃子是典型的“失败综合征”。从此之后，妈妈再也不批评桃子了，而是鼓励桃子。每当桃子因为拖延而表现出畏缩不前的状态时，妈妈就以恰当的方式激励和督促桃子。经过一段时间的努力，桃子才渐渐找回自信，成绩也一点一点地稳步上升了。

毫无疑问，桃子的失败综合征，其实源于妈妈对她第一次考试成绩不理想时的过激反应。初中的学习和小学阶段截然不同，很多孩子进入初中之后都会出现成绩波动的情况，父母应该鼓励孩子，在陪伴中帮助孩子建立自信，而不是一味否定孩子。尤其是当孩子因为畏惧失败而出现拖延的症状时，父母一味指责只会让他们更加止步不前。所以，明智的父母会鼓励孩子，也给予孩子信心和勇气，更给予孩子力量，督促孩子砥砺前行。从心理发展的角度来说，孩子还小，对自己无法做出客观公正的认知和评价，他们最信任父母，总是认同父母对他们的评价。因而父母在评价孩子时一定要非常谨慎，避免误导孩子。否则，父母如果随随便便给孩子贴上负面标签，孩子拖延的症状就会越发严重，这完全是缺乏信心和勇气导致的。

为了帮助孩子摆脱失败综合征，父母还需要注意，不要给孩子制定过高的目标。罗马不是一天建成的，人不是一口就吃成胖子的，孩子更是要循序渐进，才能日积月累，获得进步。如果父母给孩子制定的目标太高，那么孩子很容易因为一次次达不到目标，导致缺乏自信，变得自卑和怀疑自己。在给孩子制定目标时，最好给孩子定一个以孩子现在的能力水平稍微努力下就能达到的目标，这样孩子在经过努力达到目标之后，才会更加自信，也会鼓起勇气奔向更高的目标。坚持这么做下去，父母会发现孩子变得越来越自信。总而言之，要想戒除拖延，父母就要激励孩子，帮助孩子建立信心和勇气，而不要因为一时气急就对孩子口无遮拦，更不要伤害孩子稚嫩的心灵。没有信心的孩子就像泄了气的皮球，根本没有力气飞到天上去。

当发现孩子在生活或者学习中变得畏缩怯懦、止步不前时，父母一定要敏感一些，及时发现孩子拖延的原因以及孩子拖延背后的心理因素。孩子的成长是不可逆的，有很多伤害和心理障碍一旦形成，甚至会对孩子的一生造成负面的影响。所谓家庭教育无小事，父母一定要多多鼓励孩子，帮助孩子树立信心，远离失败综合征。不要因为孩子的一两次挫折就批评孩子，导致孩子信心不足，面对事情开始拖延；明智的父母会陪伴、协助孩子从挫折和暂时的失败中走出来。

5. 错误，不应该成为孩子心中的拦路虎

很多成年人会表现出唯唯诺诺的性格特征，这其实与他们从小就害怕犯错、凡事拖延的成长经历是分不开的。导致孩子拖延的原因有很多种，害怕犯错也是常见的拖延诱因。孩子为何害怕犯错误呢？原因还在父母身上。

很多父母都不能接受孩子犯错，一旦发现孩子犯错，就会非常抗拒，甚至对孩子进行严厉的批评。殊不知，人非圣贤，孰能无过，孩子犯错是

完全正常的。而且有一些孩子的错，其实并非孩子的错，而是符合了父母心中错的标准，让父母觉得孩子错了。孩子只要冒险，做一些不曾做过的事情，在能力范围外的事情，自然就会出现一些所谓的错误。在这个世界上，没有任何人能保证自己不犯错误。就算父母，也无法在人生路上始终做得非常正确。要想让孩子正确面对错误，父母首先要对孩子犯错有正确的认知和态度，不要发现孩子犯错就好像不得了了，这样只会让孩子形成错误的认知，觉得犯错是不可原谅的、是非常严重的，也是性质恶劣的。当孩子过于看重自己的错误，也无法原谅自己的错误，那么错误就会成为他们心中无法逾越的障碍，成为他们心中的拦路虎，给他们的学习和生活都带来很大的困扰。

杰瑞小时候喜欢攀岩，每当看到电视上有攀岩节目，他都看得认真仔细，还时常问爸爸妈妈自己什么时候可以攀岩。因此在杰瑞6岁后，妈妈就尝试着带杰瑞进行少儿攀岩。杰瑞在各种活动和比赛中表现良好，经过几年的练习，杰瑞的攀岩能力越来越强。

然而，有一次参加攀岩比赛时，杰瑞却失败了，遭到了妈妈的严厉批评。从此之后，杰瑞再也不喜欢攀岩，每次妈妈要带他去练习，他都会拖延着不愿意去。妈妈一开始并不知道原因，还以为杰瑞是因为兴趣爱好改变了，所以才变化如此大。直到杰瑞说自己以后再也不攀岩，也不参加比赛了，妈妈才隐隐约约意识到原因。

对失败的恐惧，让杰瑞止步不前。当特别害怕犯错时，孩子就会出现严重的拖延行为，尤其是对于那些有难度的事情，他们更会因为内心的畏缩而无限拖延下去。其实，孩子心中的障碍并非来自错误本身，他们更害怕的是父母对他们的错误不能容忍，父母会因为他们的错误而唠叨不停，甚至一定要孩子亲口承认错误，保证下次改正。有的父母还会在自己都没弄明白的情况下，自以为是地说一些原因与解决措施，虽然孩子听了但是在心里并不认可父母说的内容与建议，于是产生抗拒。从这个角度而言，只要父母正确对待孩子犯错，孩子就能够接受错误，也能够合理调整自己，从错误中汲取经验教训，从而避免错误给自己留下深深的恐惧。

常言道，失败是成功之母。其实错误也是人生进步的阶梯。每个人，不管是孩子还是成年人，唯有正确面对错误，才能勇敢地迎接人生中接踵而至的挑战，一次又一次地提升和完善自己。记住，任何时候，错误都不是人生的包袱，而是进步的契机，是孩子成长过程中最值得珍惜的财富。父母在面对孩子的过失或者错误时，尽可能化解孩子面对失败的恐惧，倾听孩子的心声，从与孩子的对话中探寻孩子的信念。孩子如何认定所面对的错误与失败？孩子的体验与感受是什么？孩子心中的下一步目标是什么？是面对还是逃离？孩子的体验与如何看待决定孩子的下一步，当父母静下心来体验孩子的体验、知道孩子的信念，才有机会推动与引导孩子，不会让孩子在面对错误时出现恐惧、担心而不再前行，形成拖延，以拖延的方式来抗拒面对错误，以至于久而久之形成父母认为的拖延。

6.焦虑，让孩子紧张不安

不管是成年人还是孩子，一旦陷入焦虑的情绪中，都会变得紧张不安，甚至有些极度的紧张还会使人脑海中一片空白，无法思考。成年人还比较理智，能够意识到自身正处于焦虑状态，因而主动控制自己。孩子正处于身心发展的阶段，对于自己的认知也许不够客观，也许还会因为缺乏理智，导致无法控制情绪。当孩子表现出焦虑的特征，或者父母感受到孩子的焦虑情绪时，应该及时安抚孩子，让孩子恢复平静情绪，也要及时找出导致孩子焦虑的原因，从而有的放矢地帮助孩子缓解焦虑。

尤其是年纪小的孩子，诸如幼儿园里的孩子或者小学低年级阶段的孩子，在面对艰巨的任务时，更容易手足无措。当幼儿园的孩子心有余而力不足时，父母可以向孩子伸出援手，给予孩子切实有效的帮助。对于小学阶段的孩子来说，理解能力更强，也拥有了一定的自制力，能够很好地与父母沟通，所以父母可以引导他们正确处理事情，给事情排序以分出轻重缓急或者教给他们处理问题的方法，从而使他们有的放矢、事半功倍。

拖延，不但会影响孩子的生活和学习，还会导致孩子陷入焦虑之中。举例而言，假如孩子因为拖延，没有在规定的时间内完成作业，而等到他们困倦得不得不放弃完成作业上床休息时，又会辗转反侧，根本不知道明天如何面对老师的批评和同学的嘲笑。这样一来，他们困倦不已，想睡又睡不着，只能在床上翻来覆去，这也会严重影响他们第二天的日常生活和学习。其实这种情况不仅仅出现在孩子身上，很多职场人士在拖延工作之后也同样如此。不过年纪小的孩子虽然承受着焦虑，却无法准确表达出来，这是因为他们的语言发展还不成熟，无法描绘自己细致入微的心理状态。对于这样的状况，父母如果感受到孩子的焦虑，可以引导孩子进行表达。例如，父母可以问年纪小的孩子："明天要去幼儿园参加六一表演，你是不是很激动呢？"也可以问一年级的孩子："马上就要期中考试了，这是第一次考试，你紧张吗？"当父母引导孩子合理地表达自己的焦虑时，他们的焦虑在经过倾诉之后也许会得到有效的缓解。对于很多年纪稍微大些的孩子，他们在感受到焦虑后自己会寻求途径倾诉，从而也能够有效缓解自己紧张不安的情绪。

三年级的琳娜要代表班级参加学校举行的歌唱比赛，在比赛前一天，琳娜突然紧张地告诉妈妈："妈妈，我好像感冒了，觉得嗓子很疼！"妈妈看着琳娜慌张的神情，又仔细检查了琳娜的扁桃体，然后很确定地告诉琳娜："宝贝，你没有感冒啊，嗓子也一切正常。我想，你需要放松一下。"琳娜还是不放心，坚持说自己已经有鼻音了，肯定是感冒了。接下来，琳娜陷入焦虑之中，生怕自己第二天不能参加歌唱比赛了。

妈妈淡然地说："其实，你何不想想最坏的结果呢！就算真的像你说的，你感冒了，但是你不觉得感冒之后沙哑的嗓音很富有磁性吗？所以即使你感冒了，也不影响你参加比赛，还有很多人特别想拥有沙哑的嗓音呢！"在妈妈的安抚下，琳娜才渐渐恢复平静，说："好的，你说得对，沙哑的嗓音也有独特的魅力！"妈妈又说了一句："我保证，你只要好好休息，肯定不会感冒。"喝了一杯热牛奶之后，琳娜安然入睡，次日清晨，她的嗓音清脆如百灵鸟。

面对孩子的紧张和焦虑，父母千万不要加重孩子的负面情绪，而是要协助孩子区分，让孩子知道如何面对紧张与焦虑。父母不要跟着焦虑，很多时候父母的焦虑会加重孩子的焦虑，父母要以镇定从容有效缓解孩子的焦虑，也从而帮助孩子摆脱紧张不安的状态。这样一来，孩子的情绪恢复正常，也就不会因为惧怕而刻意逃避和拖延了。

当然，除了安抚孩子之外，告诉孩子如何缓解因为焦虑引起的紧张是至关重要的。当孩子因为拖延而焦虑时，父母一定要构建孩子的结果意识，先让一些可以出来的结果出来，不会因为更多的结果没有出现而使焦虑加重，让孩子把那些该做而又没有做的事情认真努力地完成，才能有效地缓解焦虑。当孩子意识到“焦虑—拖延—更焦虑”是一个恶性循环，相信他们会做出正确的选择。如果孩子是因为事情千头万绪无法厘清而焦虑，父母还可以协助他们一起制订计划表，从而让他们分清事情的轻重缓急和主次关系，这对于孩子而言是切实而有效的帮助。

7.恐惧，使孩子失去对人生的掌控权

人人心里都有恐惧，每个人恐惧的程度不同，所以每个人恐惧的表现也各不相同。对待恐惧，孩子们的表现也是截然不同的，有的孩子胆大勇敢，不恐惧失败或者伤害，因而能够一往无前，他们在挫败中越挫越勇。有的孩子也许因为从小就被父母“无微不至地照顾”，很少面对挫折，所以他们很难突破内心的桎梏，更不能做到在成长的过程中一往无前。孩子

的勇敢很多时候与爸爸的有效陪伴有着极大的关系，在孩子成长过程中需要爸爸力量的时候，爸爸不在；需要爸爸鼓励的时候，爸爸不在；需要爸爸认可的时候，爸爸不在；需要爸爸示范的时候，爸爸不在……很多时候爸爸的缺位，导致在成长过程中，孩子的那份勇敢面对困难的力量常常没有被激发。

很多父母回忆起小时候的成长经历，才能真正体会到孩子现在的感受，如怕黑、怕陌生人、怕未知的事务、怕改变、怕被拒绝……曾经，这也是父母小时候非常害怕的。然而，大多数父母在回忆童年时，已经完全忘记了自己过往的恐惧，因而对孩子的恐惧表现出极大的不耐烦。孩子怕黑，他们只是粗暴地说“黑有什么好怕的”，孩子害怕被拒绝，他们三言两语打发孩子“你不去尝试，怎么知道结果呢，要勇敢啊”。然而，勇敢并非是简单的一两句话，而是需要孩子们战胜内心的恐惧才能做到的。其实当孩子觉得自己对待很多事情都无能为力时，他们也是非常痛苦的。所以，父母一定要理解孩子，不要随便指责不够勇敢的孩子。

乐乐8岁了，是一名三年级的小学生。三年级开学之初，乐乐就自己报名参加了少年报。以后每个周末，乐乐都要抽出半天的时间，和其他小伙伴去一个很大的景点门口卖报纸。第一次参加这样的活动，乐乐显然觉得很恐惧。他先是从老师那里拿了10份报纸，然后就在妈妈的陪伴下开始准备叫卖。

在景区门口，乐乐拿着手中的报纸，足足兜了3圈，也没有问任何人：“您好，我是乐学少年报的小记者，我们正在进行义卖活动，您愿意支持吗？”妈妈看得出来，乐乐的脸都憋红了。很快，半个小时过去了，乐乐终于找到几个看起来很和气的大学生姐姐，成功向她们卖出了第一份报纸。大学生姐姐很友好，还和乐乐合影了呢！正所谓万事开头难，有了成功的开始之后，乐乐卖报纸的活动进展就顺利多了。第一个周末的半天，乐乐卖出去十几份报纸。第二次参加活动，乐乐卖出去二十几份报纸。等到第三次参加活动时，乐乐居然卖出去50份报纸。不得不说，乐乐在战胜害怕被拒绝的恐惧后，进步神速。一个学期下来，乐乐卖报纸的份数，在整个小记者报社中排在第5名，他很为自己骄傲。

乐乐卖出去第一份报纸用了半个小时的时间，就是因为心中很害怕自己被拒绝。妈妈一直陪伴在乐乐身边，从始至终没有催促乐乐，而是默默地支持和鼓励乐乐。对于孩子因为恐惧而止步不前的拖延行为，父母无须真正代替孩子去做什么，而是要引导孩子战胜内心的恐惧。不要告诉孩子恐惧是不应该存在的，这只是自欺欺人的做法，会使孩子更恐惧。正确的做法是引导孩子接受恐惧的存在，这样才能让孩子直面恐惧。

在成长的过程中，恐惧会一直伴随着孩子。诸如孩子在初次与陌生人打交道时会恐惧，在第一次独自去上学的路上会恐惧，甚至孩子第一次独自吃午餐，也会感受到内心的极度空虚和恐惧。由此可见，父母帮助孩子克服恐惧，对孩子的成长至关重要。唯有强大孩子的内心，孩子们才能勇敢面对，不会因为恐惧而产生拖延，因而由恐惧而产生的拖延才能戒除，也才能勇敢面对人生，走好属于自己的人生之路。从心理学的角度而言，恐惧本身才是最值得恐惧的事情，很多时候孩子所担心和害怕的事情，实际上不会真的对孩子造成伤害或者形成困扰，最重要的在于孩子要接纳内心的恐惧，也直面内心的恐惧，从而真正战胜内心的恐惧。父母面对孩子的恐惧不是替孩子做了什么，而是引导孩子去面对。“爸爸妈妈陪伴在你身边，我们相信你，你不孤单，你可以，我们在”——不断地鼓励孩子尝试，给孩子迈出去的力量，给孩子行动的动力。孩子在这一份滋养中拿回自己的生命力量，在一次次面对恐惧时，让孩子体验到没有什么可怕的，形成面对的力量，以至于在任何困难、恐惧的事情面前，不是等待、不是束手无策、不是退缩、不是放弃、不是茫然，而是勇敢地行动，在行动中面对、在行动中调整、在行动中总结、在行动中不断地提升、在行动中不断地取得一个又一个小成就，累积更大的成就。

8.追求完美，让孩子更加踌躇

当父母有完美主义情节的时候，孩子很容易受到父母潜移默化的影响，渐渐地也追求完美。仅从单一的角度来理解，追求完美似乎是积极向上的表现，实际上，追求完美的人往往都非常执拗，很难原谅和宽容自己。哪怕生活中有小小的不如意，他们也会非常苦恼，甚至心中产生“迈不过去的坎”，导致自己痛苦不已。当孩子过分追求完美时，很容易陷入拖延的状态之中。举例而言，哪怕是作业本上有小小的错误和改动，孩子们也会特别苦恼，甚至有的孩子还会撕掉作业本重新写。如此描述下来，不难看出追求完美的孩子都有些强迫症的倾向，的确，相当一部分完美主义者都有强迫症的倾向。

常言道，金无足赤，人无完人。哪怕是成年人也不能保证自己绝不犯错误，更何况是孩子呢？当发现孩子有完美主义情节，而且无法原谅和包容自己的小错误时，父母一定要引导孩子客观中肯地评价自己、接受自己。归根结底，孩子不可能是完美的，在成长的过程中更会犯各种各样的错误。而一旦养成完美主义的性格，孩子长大成人之后的生活会受到很大的影响，甚至因此而苦恼不已。所以，父母要及时纠正孩子的完美主义观点，引导孩子从容随性地生活，不要凡事强求自己，也不要把自己逼入被动的人生死角。

孩子毕竟还小，面对很多难题时，总是从单一的方面进行考虑，而完全想不到其实还有别的方式帮助他们达成目的。当孩子认定凡事都要完美才有价值，他们就会受困于极高的标准。父母要引导孩子放弃追求完美，而尽力做到最好，实现卓越。

卓越和完美有什么区别呢？仅从字面来理解，卓越是做得很突出、很优秀，也意味着行为主体已经用尽全力。完美则不同，哪怕行为主体已经不遗余力，也只能力求在自己的能力范围内实现最好的结果，而不能保证结果是完美的。所以，卓越经过努力是可以实现的，完美却是哪怕努力也不一定能实现的。挑剔苛责的人哪怕从鸡蛋里也能挑出骨头来，每个人对于完美的定义和标准更是截然不同。完美是个人的一个标准，往往一个人有完美主义倾向时，会不断提高自己的完美标准，这样一生的生命质量都会因此而受影响，父母要让孩子的心中构建起区分，卓越是做到自己的最好，这是一种自我要求，不断地追求卓越能带来满足感与不断自我超越。完美与自我超越不同，完美主义者往往不接纳当下，会陷在一个标准里面。追求卓越能接纳当下，同时提高要求。父母应给孩子构建卓越的思想意识，而非进入完美的陷阱。

这个世界上根本没有绝对的完美，这也就注定了一个人哪怕再努力，也不可能收获完美。成年人能够理智地认识完美，孩子因为认知的局限性，只能给完美一个绝对的定义。在这种情况下，当孩子一次又一次地追求完美而做不到时，他们必然产生挫败感，甚至还会怀疑自己，导致信心全无。所以，追求完美的孩子会渐渐变得踌躇，拖延行为也会越来越严重。

学校里举行作文比赛，老师推荐一直比较擅长写作文的雅菲参加。雅菲觉得很高兴，毕竟能代表班级比赛，这是很高的荣誉。然而，作文比赛的题目恰恰是雅菲最不擅长的游记，雅菲感到很失落也很紧张，因而导致发挥失常，没有取得任何名次。比赛结果出来后，雅菲难过极了。

没过多久，学校里又举行奥数竞赛，这依然是品学兼优的雅菲的强项。老师当然第一时间想到雅菲，但是这次雅菲的态度很反常，她居然拒绝了比赛。老师不知道原因，几次三番做雅菲的工作，雅菲却什么也不愿意说。无奈之下，老师只好给雅菲妈妈打电话说明情况，让雅菲妈妈帮忙。妈妈耐心地询问雅菲，这才知道原来雅菲是因为上次作文比赛失利，所以才不想再次代表班级参加比赛的。她苦恼地对妈妈说："上次作文比赛已经很丢人了，假如这次奥数竞赛再得不到名次，那可丢人丢到家了。所以，我如果没有把握得到第一名，就宁愿不要参加。"雅菲的话让妈妈很震惊，她从不知道女儿小小年纪，居然有这么重的心思。妈妈语重心长地对雅菲说："雅菲，没有人能保证自己总是得第一名。老师推荐你参加比赛，是信任你，你只要全力以赴就好，第一名不是最重要的。"雅菲对妈妈的话似懂非懂，后来妈妈还特意召开了家庭会议，全家人一起讨论了"第一名是否重要"的问题，雅菲的心结才算真正解开。

雅菲之所以想放弃比赛，并不是不珍惜比赛的机会，而是因为害怕自己不能获得成功，不能做到完美。这种宁为玉碎、不为瓦全的精神，在某些情况下是值得赞许的，但是在生活中并不适用。生活总是充满了各种各样的不完美，如果动辄就彻底摒弃生活，那么还谈何人生呢？

有完美主义情节的人很难容忍自己失败，他们总觉得自己要做到最优秀、最成功，才能称得上完美。殊不知，这个世界上从没有常胜将军，就算是那些大名鼎鼎的科学家，也都是在无数次失败之后才获得成功。正如一位名人所说：相比成功，失败是人生中更值得珍惜的经验和财富。的确如此，失败从不可怕，可怕的是以错误的心态对待失败。明智的父母会引导孩子正确对待失败，接纳自己的不完美，从而在人生之中更坦然和从容。

第六章
从容淡定修炼自我，才能彻底摆脱拖延

一个人要想彻底摆脱拖延，消除客观的原因和内在的诱因固然重要，更重要的是父母在与孩子日常互动以及教养的过程中，影响而植入什么样的信念；不同的信念植入会形成孩子不同的心智模式；孩子有不同的心智模式，会形成不同的行为；不同的行为会形成不同的结果。当孩子在不同的信念支持下进行不断地重复练习，就会有成熟的心智模式，进而拥有强大的内心。曾经有位名人说：人最大的敌人就是自己，一个人唯有战胜自己，才能征服整个世界。这句话非常有道理，人有很多劣根性，也有很多不那么积极正向的本能。尤其是对于自控力差的孩子而言，更要不断突破不良习惯，从意识的信念层面着手，不断锻炼，逐渐战胜自身的弱点和缺点，形成良好的习惯、完善的心智，彻底摆脱拖延。

1.自信的孩子，才能勇往直前

自信和自卑，是人生的两极。自信的孩子敢于冒险，相信自己，会主动出击，即使在遇到困难的时候，也不会消极地拖延对待；自卑的孩子会趋向保守与安全，不敢冒险，会蹉跎等待。自信的孩子与结果的关系健康，内心更加强大，充满力量，即便失败了也会相信自己；自卑的孩子与结果的关系不健康，往往一次失败就给自己贴上“我不行、我不擅长”等标签，就会逃避在失败事件中的下一次努力尝试，甚至以拖延的方式消极怠工。因此，自信的孩子会拥有更多的机会，自卑的孩子会错失很多的机会；自信的孩子容易处于人生成功的巅峰，会绽放自己，会把自己活“大”，自卑的孩子容易把自己活“小”，在一生中往往不能展现真正的自己。其实，成功的孩子未必天生就比失败的孩子更优秀，决定孩子走向人生两极的，恰恰是他们对待人生的态度。积极主动地出击，还是消极被动地等待或者无奈地以拖延的方式消极逃避，对于孩子的人生影响深远。古今中外，有很多名人都在强调自信对于人生的重要作用，无数事实也证明自信对于获得成功至关重要。然而，依然有很多孩子非常自卑。他们无法客观认知和评价自己，也总是轻视自己，甚至瞧不起自己。他们明明蕴含着巨大的能量，却对自己的才华和能力视若无睹，这一切都因为他们已经给自己贴上了负面的标签，几乎每时每刻都在提醒自己“我不行”。在这种心态之下，孩子们能不拖延吗？拖延是他们的宿命，也是他们失败最重要的原因。

难道自卑的孩子真的不行吗？难道自信的孩子真的什么都行，而且从来不会失败吗？当然不是的。与其说自信的孩子天生什么都行，不如说他们不断地暗示自己“我能行”，才使得自己变得越来越行，也才能够果断地努力向前。自卑的孩子，由于不断地否定自己，轻易地给自己下否定的结论，导致他们不管做什么事情都充满无力感，都要依赖别人才能获得支撑。当外部的推动力不足时，他们就会裹足不前，面对该做的事情也总是畏缩、拖延，使得人生陷入困境。他们如此胆小怯懦，最终的结果必然是在拖延的过程中错失良机，什么都做不好。

其实，自卑的孩子也很嫌弃自己缩头缩脑的样子，他们甚至比那些自信的孩子更渴望得到他人的认可和赞赏。但是他们没有足够的力量戒除拖延，他们总是需要外部的强大力量推动他们。所以，当发现孩子很自卑时，父母千万不要指责孩子没有自信，否则只会使孩子更加觉得自己一无是处，更加无限度地拖延下去，而要多多关注孩子、肯定孩子。在“智见父母赋能对话”中我们常用一种“海豚原理”，来支持孩子重新获得自信，孩子的自信与孩子 0~6 岁时父母的养育方式以及父母的夫妻关系有很大的关联。面对已经不自信的孩子，需要父母运用关键事件以及“海豚原理”，支持孩子慢慢找回自信。具体来说，就是让孩子从零起点开始做一件事，这也就是意味着孩子只要努力，就能百分百做到。在孩子做到之后，父母要给予孩子肯定，构建起孩子内在与成功的链接，然后不断逐步提高标准让孩子做到，肯定孩子取得的成果，让孩子建立成功的心智链接，同时让孩子体验到“我能行”。此后，再提高标准，这样一来，孩子就能不断地获得心智营养，相信“我行、我可以”，从而渐渐找回自信，也越来越认可和喜欢自己，在做很多事情的时候都表现出强大的内驱力。的确，自信给孩子的是内部驱动力。众所周知，外部驱动力有可能发生各种变化，而内部驱动力给孩子带来的力量更加持久。曾经有人说：如果你希望一个人变成自己所期望的样子，那么就要按照自己所期望的那样去赞美他，他渐渐地就会越来越接近你的预期、符合你的期望。这句话是很有道理的，也是帮助孩子调整自卑心理、摆脱拖延恶习的良好途径之一。遗憾的是大多数父母都会犯同样的一些错误，他们在孩子小的时候觉得孩子完美无瑕，等待孩子渐渐长大，距离他们的期望越来越远，他们就总是盯着孩子的缺点，甚至觉得看孩子哪里都不顺眼，因而从最初无原则地赞许孩子，到后来不分青红皂白一味否定孩子，导致孩子也很混乱和迷惘：我到底是优秀还是很糟糕呢？父母前后不一致的言行，最容易使孩子产生混乱的自我认知和深深的挫败感，也会使得孩子在做很多事情的时候不能勇敢尝试，因为畏惧裹足不前，经常拖延。所以，聪明的父母会表扬孩子，而很少批评和否定孩子，更不会给孩子贴上负面的标签。父母要记住：父母信任的力量是孩子内驱力的重要来源，合格且优秀的父母会认可和激励孩子，从而保证孩子在人生的道路上砥砺前行，主动出击，远离拖延和怯懦的状态。

一直以来，爸爸总是否定静静，还时常当着静静的面说："你脑子可真笨，连你弟弟的一半都不如！"静静的弟弟洋洋，比静静小5岁。在爸爸几次三番这么说之后，静静真的觉得自己很笨，虽然她学习成绩很好，却非常自卑。

从名牌大学毕业后走上工作岗位，静静依然怀疑自己的能力，在工作中尽管很努力，却从不敢自信地表现自己。后来，静静负责的一个项目取得了重大成功，向来默默无闻的静静突然成为公司的名人，不管是老板还是同事都对她很关注。在年会上，静静还作为公司的新人代表上台演讲了。从此之后，静静找到了自信，把事业做得风生水起，而且还在大城市安家落户，把爸爸妈妈和弟弟全都接到了大城市。这个时候，静静的弟弟因为不争气，被爸爸数落来数落去，而爸爸曾经否定静静的那番话全都转移到了弟弟身上。静静看着弟弟沮丧的样子，一本正经地对爸爸说："爸爸，以后你不要总是把洋洋说得一无是处了，这样对他影响特别大。就像我小时候，你总是说我笨，我直到大学毕业也没有自信，做什么事情都畏首畏尾，总觉得自己是最糟糕的，当然也就没有自信面对学习了。"静静的一番话说得爸爸面红耳赤，他连声说："你说得对、说得对，我改！"

父母对于孩子的否定，尤其是在孩子年纪比较小、对自己无法做出客观评价时，对孩子的影响是非常大的。大多数孩子都相信父母的话，父母的一个肯定会让他们高兴很久，父母的一个否定也会让他们沮丧很久。面对孩子时，父母说话一定要谨慎，避免伤害孩子稚嫩的心灵。否则，如果父母否定和批评孩子，给孩子带来心理创伤，孩子在做很多事情的时候都会因为缺乏自信而裹足不前，陷入拖延的状态无法摆脱。

事例中的静静如果不是很勤奋，最终在工作上取得了成就，也许自卑的阴影将会伴随她一生，影响她生活中的方方面面。从这个意义上来说，自信是父母能够给予孩子最好的礼物。每一位明智的父母，都要用心培养孩子的自信心，让孩子相信自己哪怕犯了错误也依然是最棒的孩子，是得到父母信任和期望的。唯有如此，孩子才能鼓起人生的风帆，全速前行，也才能在面对很多艰难和困境时摆脱拖延，一往无前。

2.自主专注，让一切事半功倍

古往今来，失败的人也许各有各的原因，成功的人却都有着相似的品质。专注，就是大多数成功者都具备的品质之一，因为他们拥有顽强的毅力，哪怕遇到坎坷挫折也决不轻易放弃，所以他们才能最终获得成功。人生是漫长的，也是短暂的。人在一生之中如果总是不停地更换目标，那么长此以往，人们就会在目标之中疲于奔命，最终一事无成。此外，不够专注的人还会陷入拖延的困境，他们这山望着那山高，只顾着在山底观望，最终因为拖延而一事无成。与其患上选择恐惧症，还不如下定决心选择一个目标，当机立断展开行动奔向目标，这样才能把拖延丢开，让成功早日到来。很多人早在小学低年级就读过《小猫钓鱼》的故事，也知道小猫之所以最终毫无收获，就是因为它三心二意。这个在小学课文中就阐述的道理，很多人都懂得，然而真正能做到专注的人少之又少。

父母希望孩子具备的品质很多，专注力对孩子而言是一项最基础的能力。要想让孩子有所成就，父母一定要从孩子小时候就着重培养孩子的专注力。有些父母很纳闷自己家的孩子为何专注力那么差，实际上这与父母也是有一定关系的。例如，有些孩子正在公园里专心地观察蚂蚁，父母就开始催促他们回家；有的孩子正在认真地看书，妈妈却迫不及待地喊孩子吃饭……这些都是父母打扰孩子、扰乱孩子专注力的常见事情。爸爸妈妈们，不如你们现在也反思一下，看看自己无意之中做过哪些破坏孩子专注力的事情？一旦专注力被破坏，孩子非但做事情不能专心，也常常会有拖延的表现。

与破坏孩子的专注力恰恰相反，父母重视培养孩子的专注力，就要给孩子营造良好的环境，让孩子能够专心致志、集中精力做好一件事情。当然，专注力既不是天生的，也不是一朝一夕就能养成的，要想培养孩子的专注力，父母要做好打持久战的准备。此外，父母需注意培养孩子专注力的技巧和方法，这样才能使家庭教育事半功倍。随着专注力的提升，父母会发现孩子不但做事情更加用心，而且也会节省很多用于犹豫和思考的时间，因而效率倍增。不拖延，不仅仅是节省时间这么简单，也能够帮助孩子集中所有的精神和意志力，对着人生的难关展开攻坚战。

从家里有小学生那一天开始，父母们再也无法悠闲安逸地生活，因为孩子的学习，家里总是鸡飞狗跳，妈妈也从亲妈变成了“后妈”。网上流传一个段子，里面有各种妈妈说起孩子作业问题时的心声，读来让人忍俊不禁。的确，孩子都有拖延的共性，尤其是写作业，大概是每个小学生都心不甘情不愿的事情，也因此遭到孩子们的一致抵触。父母最大的任务就是和孩子斗智斗勇，战胜孩子的拖延和惰性。其实，每天这样和孩子做斗争，对于父母而言也是很辛苦的。如果能够给孩子树立规矩，引导孩子形成良好的习惯，那么孩子就会越来越主动学习，父母也就能从日复一日的操劳中抽身出来。很多父母都特别纳闷：为何我整日盯着孩子学习，也给孩子报名参加了各种各样的补习班，孩子的学习成绩就是上不去呢？而别人家的孩子，尽管一个补习班也没报，课后也不见写作业到深夜，怎么成绩就稳步上升，甚至进入班级前三名呢？在大多数父母心里，别人家的孩子总是最优秀的，自家的孩子总是最差的。其实，别人家的孩子并非天生就是学霸，只是因为他们已经养成了专注的好习惯，能够做到上课认真听讲，下课认真完成作业，所以才有时间尽情地玩耍。简而言之，也就是不拖延的孩子更加自信果断，也能把想法和行动紧密地联系起来。由此可见，三心二意使孩子哪怕在学习上付出很多时间，也总是持续地拖延，无法提高学习的效率；而专注能把学习变得有效，成功缩短学习占用的时间，使孩子在学习上事半功倍。

需要注意的是，有些孩子不够专注，也许只是因为暂时有干扰因素，有些孩子则始终三心二意。每个孩子的情况都不一样，父母一定要本着对孩子负责的态度，了解孩子的情况，对孩子有的放矢，而不要盲目套用别人家孩子成功的经验，以免引起孩子的反感，导致孩子叛逆心理加重，也使孩子的拖延情况更为严重。

亲戚家的孩子杰杰做作业很拖延，每次都写到很晚，着急又没办法。一次偶然的机会，我去亲戚家做客，看到杰杰做作业的情况，发现杰杰的眼前除了有书本和作业本，还有饮料、零食、手机，杰杰的耳朵上还戴着耳机。看到这种状况，我明白了亲戚为什么说孩子写作业总是会拖延了。这么多的干扰，孩子怎么可能专注地写作业呢？不专注很容易影响孩子的效率，久而久之，孩子的拖延也就成为必然。

作为父母，要想帮助孩子戒掉拖延，高效率地完成作业，就要帮助孩子在正式写作业前完成准备工作。让孩子饿了就吃饭，渴了就喝水，等到没有其他需求要满足的时候，再集中精力做好作业。这样以结果为导向，让孩子专注地完成一件事情，有利于孩子摆脱拖延的恶习，形成良好的专注习惯。久而久之，孩子不再受到干扰，拖延自然会得以改善，也水到渠成地形成聚焦、专注的能力与习惯。

3.张开怀抱，勇敢无畏迎接成功

人人都渴望成功，但是有一些人想成功又不敢成功，甚至恐惧成功，也许有人会觉得很惊讶：什么样的人才会恐惧成功呢？其实，这样的人就在我们身边，甚至包括你，在孩子中更是不在少数。很多时候，我们潜意识里是恐惧成功的，因为成功从来不会在那里等着我们，而是需要我们付出加倍的努力，才有可能慢慢地接近成功，最终在经历一系列挫折和磨难之后，获得成功。所以，迎接成功的到来绝不是简单的等待，而是一个不断努力的过程。同时，成功之后让人瞩目的光环，也会让人们倍感压力，在成年人之中，这样的现象时有发生。对于孩子而言，取得优异的成绩并非是大众化的现象。当大多数同学都在玩耍的时候，一味刻苦努力的孩子也许会被其他同学嘲笑为“书呆子”。而一个在某个学科的学习上独具天赋的孩子，也会因为把其他同学都甩得远远的，遭到同学们的排斥。孩子在没学会成熟的人际处理能力之前，面对这种特别的情况也没有得到父母有意识的指引，所以表现突出、成绩优异的他们反而倍感孤独，这正符合所谓的“高处不胜寒”。对于孩子们而言，这样的孤独让他们无所适从，他们很有可能会因此而惧怕成功，拖延着不愿意作出可以获得成功的行为。

在竞争激烈的学校里，孩子们不但要保证成绩优秀，还要与同学们处好关系。尤其是对于年纪较小的孩子而言，他们既想得到第一，又畏惧取得第一，因为他们不想因为第一而变得孤独。孩子因为年龄小，并非完全了解第一或者成功的意义，与此同时也会看到成功带来的不好结果，导致对成功的恐惧。这主要是因为他们对于成功处于未知的状态，所以，在面对成功的时候出现拖延的行为反而裹足不前。而对于年长一些的孩子来说，他们之所以恐惧成功，是因为害怕把自己架得太高，担心自己将来可能摔得更重。总而言之，孩子的心思与大人不一样，如果不是亲耳听到孩子们对于成功的诠释和恐惧的原因，只怕大多数父母绞尽脑汁，也不会知道孩子们真正的恐惧来自哪里。正是因为对成功的恐惧，才会导致孩子们在面对成功的时候出现静止不前的拖延状态，对成功又爱又恨的孩子们，实在无法当机立断以怎样的姿态面对成功，拖延也就成为必然。

眼看着就要期末考试了，妈妈给已经读五年级的乐乐鼓劲儿，让乐乐争取考到班级第一名。一直以来，乐乐的成绩在班级里位于七八名，这使得妈妈对乐乐寄予厚望，潜意识里觉得乐乐是个学习的好苗子，也是有潜力可以挖掘的。

对于升入高年级之后的第一次期末考试，妈妈不遗余力地鼓励乐乐，想让乐乐有突出表现。没料到乐乐在妈妈说出对他的期望之后，当即不屑一顾地说："我才不愿意考第一名呢！要是我考了第一名，你们就会认为我每次都应该考第一名，甚至等我考第二名的时候，你们还会说我退步了。我可没那么傻，我觉得就要考个十名左右，每次进步一两个名次，这样到小学毕业之前，你们都会鼓励我、表扬我！"听到乐乐不愿意考第一名的理由，妈妈瞠目结舌：孩子的思维方式真奇怪啊！不过仔细想想乐乐说得似乎也有道理。为了避免乐乐由此对考第一名心生抵触，妈妈当即表态："就算你考了第一名，妈妈也不会要求你每次都考第一名。没有人永远得第一，所以你完全不用紧张。妈妈觉得只要你的学习成绩保持相对的稳定，那就可以了，毕竟每次考试的内容都是不确定的，而且你学习的状态在各个阶段也是不同的。”听了妈妈的话，乐乐这才如释重负，他调皮地和妈妈说：“好吧，那我就勉为其难地努力冲刺第一吧！”不过，妈妈经过观察发现，乐乐还是在学习上保持只用七八分的力气，根本没有冲刺，对于妈妈给他安排的课外作业，乐乐始终处于拖延的状态，不愿意积极主动地努力完成。乐乐为何会这样呢？

事例中，乐乐不愿意考第一名，原来是为了给自己留下进步的空间。的确如此，对于第一名的孩子而言，下次哪怕考个第二名，“贪心不足”的父母都会觉得孩子退步了，不够理智的父母还会责怪孩子退步了，从这个角度而言，第一名对于某些家庭的孩子来说简直就是“噩梦”的开始。正因为如此，事例中的乐乐才会采取拖延的态度，拒绝妈妈给他的“加餐”，也不愿意为了考取第一名而拼尽全力。归根结底，孩子之所以排斥考取第一名，只是因为父母对于学习成绩的态度不够端正，也没有真正尊重孩子学习的规律。孩子在学习成绩上出现小幅度的波动完全是正常的，只要不是如同坐过山车一样忽上忽下，都无须指责。父母要信任孩子，也给孩子一定的成长和发展空间，这样孩子才会更从容自如地对待学习，也不至于因为压力大、精神紧张而抗拒考第一名。从这个角度来说，父母要想彻底避免孩子拖延的状态，就要放松对孩子的要求，而不要总是盯着孩子不放。

此外，在与孩子讨论关于成功的问题时，父母也要注意措辞，避免误导孩子以为成功就了不起、就什么都好，以至于孩子觉得自己并不配得上成功，这就是很多孩子在一定场合不愿意父母提起自己优秀的原因；又或者父母在平时谈论某一些成功人士获得成功的手段并不光明磊落，以至于孩子觉得成功人士都不怎么样。孩子很容易受到父母的影响，有的父母在说起某人的成功时，总是形容那个人很快就因为飞黄腾达变得趾高气扬，甚至恃强凌弱，那么孩子自然会对成功形成不好的印象，也因而恐惧成功。此外，在追求成功的过程中，孩子还会遭遇各种各样的挫折和困境，遇到重重的压力和磨难，这也会让孩子产生畏难心理。当孩子因为畏惧成功而不愿意积极地行动，反而在越来越接近成功时表现出畏缩和胆怯的行为，面对孩子看似无缘无故的拖延，父母要探寻孩子面对问题时的体验、感受，从而有针对性地调适孩子的信念，用孩子可接受的方式诠释孩子面对困难、取得成功的意义，也要鼓励孩子勇敢地迎接成功的到来。这样一来，孩子才能戒骄戒躁，从心浮气躁到踏实沉稳，从而积极主动面对人生的境遇，戒除拖延，让人生在坚定不移之中扬帆远航。

4.做决定，其实没有想象中那么可怕

在大多数父母眼中，孩子的生活非常简单，孩子面对的事情也都是一些无足轻重的小事情，因而父母从不觉得孩子有多么重大的决定需要做。这完全是因为父母只站在自己的立场上思考问题，忽略孩子所思所想导致的。其实，在父母眼中不值一提的那些小事情和小决定，对于孩子而言都是非常重要的。例如，孩子要决定是和这个小朋友一起玩，还是和那个小朋友一起玩，是经过慎重思考和衡量的。再如，孩子决定是否参加班级里的联欢会，表演一个拿手的节目，也是非常谨慎的。而在父母眼中，这些事情都是无关紧要的小事。

当了解孩子做决定的慎重时，父母就不会觉得孩子决定的都是小事。

尤其是当看到孩子举棋不定、进退两难的纠结状态时，相信很多父母都会震惊于孩子的认真负责。为了帮助孩子摆脱拖延的被动状态，父母应该引导孩子正确对待做决定这件事情。首先，做决定并不意味着一成不变，而是暂时的选择。归根结底，选择怎样的方式解决问题或者应对后续发生的事情，还是要根据事情发展变化的具体情况而定。其次，父母还要更多地关注孩子，从而发现孩子害怕做决定的原因。如今，很多家长都因为孩子完成作业时的拖延而烦恼，殊不知孩子并非不想做作业，只是还没决定先从哪一科开始做而已。也许有些父母会说孩子："面对这么点儿小事都做不好决定，长大之后如何决定大事呢？"试问，有谁一出生就有胆识、有魄力，能够把一切事情都处理好呢？就算是那些大名鼎鼎的领袖人物，也是在不断成长的过程中积累经验，才有了最终的勇敢果断。因为父母要分析清楚孩子拖延的原因，认识到孩子之所以拖延是因为他们没有决断力。所以，为了解决孩子因为缺乏决断而导致的拖延，父母就要有意识地培养和提升孩子的思考能力、决断能力，这样孩子们在面临很多进退两难的选择时，才会理智地思考做出取舍，从而戒除拖延，勇往直前。

很多孩子尤其在面对重要的决定时，表现得更加纠结。其实，心理学上有一个选择恐惧症，和孩子害怕做决定有很多的相似之处。选项越多，他们做决定的速度越慢、效率越低。所以对于有选择恐惧症的人而言，与其拥有更多的选项，不如只从简单的几项中做出选择更容易，甚至没有选项更好。看到这里，只怕有些父母会担心孩子做决定的艰难也会演变为选择恐惧症吧！没关系，只要父母从孩子小时候就引导他自己做决定，相信孩子做决定的能力会大大增强。此外，如果孩子做决定的时候不能理性分析问题，父母也可以教会孩子从哪些方面权衡利弊，帮助孩子厘清思路，那么孩子下次再面对需要决定的事情时，一定会有更好的表现。如果孩子已经在诸多选项面前表现出恐惧和迟疑，父母还可以有目的地提前帮助孩子进行筛选，减掉那些不靠谱的选项，从而帮助孩子降低选择的难度，快速做出决断。

每个人的成长都是点点滴滴积累而成的，父母发现孩子决定很艰难时，不要着急，也不要担忧，而要把生活中那些小事情交给孩子去处理，这样孩子就会渐渐成长起来。有很多孩子之所以无法做决定，是因为他们害怕面对万一出现的恶果。他们觉得自己无法承担坏的结果，也惧怕坏的结果出现。心理学上有一种治疗心理创伤的方法，是让有心理创伤的人直面最害怕的事情。作为父母，当对孩子的安抚和鼓励都无法起到预期的效果时，不如也借鉴这样的方法——和孩子一起设想当最坏的结果出现时将会如何，也和孩子一起探讨面对最坏的结果要采取怎样的方法处理。这样孩子渐渐地就会战胜恐惧，也就能够勇敢果断地做出选择，自然也就不再拖延。

总而言之，面对因为做决定困难而拖延的孩子，父母既可以给予孩子更多的机会，让孩子多多练习，不断成长；也可以采取扩大恐惧的方式，帮助孩子直面恐惧。相比起练习做决定的方式，引导孩子直面恐惧、确认恐惧的方式更为直接、有效。父母需要注意的是，不管孩子在多大的年纪出现拖延做决定的行为，父母都要理解他们，并且帮助他们勇敢面对，教会他们果断决定。当孩子在父母的苦心教育下做好准备，养成做事果断利落的好习惯，相信孩子的一生都将受益，也会彻底摆脱拖延的坏习惯。

5.勇于负责，成为人生强者

提起“负责”这两个字，有一些人总是觉得负责是非常沉重的事情，似乎哪怕只是提起这两个字，都会感觉到肩膀上沉甸甸的。有一些孩子害怕面对责任，甚至害怕成功，是因为他们害怕成功后伴随成功而来的责任。就像前文事例中的乐乐一样，他恐惧考第一，因为害怕一旦考了第一，就再也没有自由考第二。这的确是很多人惯常的思维，即觉得一个人一旦考了第一，再考第二就是退步。当父母拥有这样的心态时，孩子考第一的压力是非常大的。而孩子一旦背负着沉重的压力，就会处于犹豫与拖延的状态，止步不前。

孩子还小，对于很多事情中蕴含的道理没有深刻的体悟。但是，在生活中经历点点滴滴之后，他们最终会意识到：父母渴望他们能完成某件被拖延已久的事情，而且还会以此作为他们完成质的飞跃的标志。毫无疑问，这使孩子感到压力很大，也使他们在明明有能力的情况下也不愿意积极地达到父母的期望。他们不想把自己拔得太高，他们不愿意承担起更艰巨的重任。从这个角度而言，孩子是为了逃避责任而拖延。

皮球正在读小学四年级。一直以来，他的成绩都维持在班级的中等水平，虽然父母始终希望他更努力，让成绩更上一层楼，但是他总是不把父母的话放在心上。妈妈不止一次说：“皮球，你这么聪明，难道就不能更认真勤奋一些吗？只要你稍微努力一下，你的成绩肯定能进入班级前十名。”这句话已经成为皮球的耳边风，在皮球心中无法引起任何波澜。

进入四年级下学期之后，皮球似乎在学习上突然开窍了，虽然他依然保持着以往的学习状态，但是期中考试时，皮球的成绩从二十名左右一跃进入班级前五名。成绩单下发的那一天，皮球愁眉苦脸地回到家里。看他的表情，妈妈原本以为他考试考砸了，正准备安慰他呢，看到成绩单，妈妈忍不住惊喜地尖叫起来。皮球却更忧愁了，赶紧向妈妈解释：“妈妈，我的确这次考得还不错，但是你不要指望我以后都保持这个名次啊，这只是个意外而已。”妈妈纳闷地问：“你怎么不高兴呢？”皮球焦虑地说：“我很担心你们从此之后对我希望太大了，那样失望也就会更大。”妈妈为了皮球的焦虑笑起来，说：“宝贝，你不要害怕啊，妈妈希望你进步，但是不要求你必须每次都进步。其实，我和爸爸最大的心愿是希望你过得快乐，我们盼着你学习好，也是想让你未来拥有好的人生，活得更好。所以只要你快乐就好，你尽管放心地学吧，千万不要害怕考得太好啊！”

事例中，皮球显然此前一直处于拖延的状态，因为他不愿意在学习上表现太好，所以才会始终对学习带着些许敷衍的态度。才四年级的皮球，已经懂得“希望越大、失望越大”的道理，所以他在学习上只用了一部分精力。而在一不小心冲入班级前五名之后，皮球不但不高兴，反而忧心忡忡。这样无意识表现出来的拖延状态，就是皮球不想承担责任的心理状态的一种折射。

因为害怕承担责任而拖延的现象，不仅出现在孩子身上，很多成年人也会有这样的表现。例如有些职场人士在初入职场时总是很低调，不会马上就把自己的所有才能展示出来，这也是为了让自己发展有后劲，同时也避免一下子表现太好，拔高老板对自己的预期。所以，当孩子为了逃避承担更大的责任而拖延时，父母首先要解除他们的后顾之忧，才能让他们放心地展示自己。此外，父母也不要总是在孩子面前表现出对孩子过高的期望，孩子虽然还小，也是有想法的，有的时候父母无意间表达的期望也会给孩子造成巨大的压力。总而言之，为人父母是一个人毕生中最大的事业，父母对待孩子一定要用心呵护，才能为孩子的健康成长保驾护航。当父母做得恰当时，孩子就能心无旁骛，使出最大的力量勇敢地向前冲！这样一来，孩子的拖延问题当然也就迎刃而解。

面对责任，让孩子体验到责任与逃避是一个硬币的两面，面对责任有压力，也有面对压力以及责任后的独特风采。逃避责任可以获得暂时的所谓轻松，但也会失去一切风景。要让孩子在承担责任的过程中体验坦荡的胸怀，在背负着责任砥砺前行的过程中领略不一样的人生风景。唯有如此，才能让孩子爱上责任，在责任中前行、在责任中成长、在责任中绽放。

6.不活在他人的眼光里，做最真实的自己

很多内心敏感的人都活得不快乐，因为他们总是过于在意他人的眼光，而无法纯粹地做最真实的自己。孩子也有敏感的性格特征，尤其是自卑的孩子往往更加敏感，也因此他们更在意父母和老师的评价，甚至不遗余力地表现自己，就是为了得到父母和老师的认可与赞许。长此以往，原本遵循自然本性成长的孩子就会渐渐地改变自己的成长轨迹，甚至言行举止都会出现很大的改变，情绪也因为外界的影响变得暴躁易怒或者消沉。为了最大限度赢得父母和老师的赞赏，他们还有可能以撒谎的方式刻意掩

盖自己做得不好的地方，从而导致内心沉重，行为不够坦荡，也因此给自己造成巨大的压力，最终变得无所适从。众所周知，压力是导致拖延的原因之一，而如果孩子内心惶惑、不能笃定，自然也无法当机立断、勇敢果决。

很多人都知道“邯郸学步”的典故，讲的是一个燕国的少年听说邯郸人走路的姿势好看，就特意去邯郸学习走路。结果，少年非但没有学会邯郸人走路，反而还把自己原本走路的姿势也彻底忘记了，最后只好爬回燕国。当然，这只是一个典故，目的在于为我们揭示不要盲目模仿他人的道理。心理学上有“从众心理”，也就是我们平日所说的“随大流”。根据这个心理不难推断，人的模仿能力是很强的，而且也有很多人缺乏原则，总是容易受到他人的影响，让自己言行向着他人靠拢。这还是在无意识的状态下，如果是刻意为之，可想而知模仿的力量有多么强大。要想尽量避免这种情况出现，父母就要教导孩子不要人云亦云，盲目随从他人。对于人生而言，最大的成功不是模仿他人获得成功，而是做最真实的自己，活出最精彩的人生。当孩子打定主意做最真实精彩的自己，他们也就会摆脱拖延，在勇往直前的人生历程中砥砺前行，努力地承担起自己应该承担的责任和义务。

黄桃是一个内向的孩子，内心也很敏感，因而她小小年纪就表现出与年龄不相符的懂事乖巧和成熟。3 岁时，黄桃进入幼儿园小班学习。班主任毛老师特别严厉，对孩子们总是不苟言笑的，胆小的黄桃看到老师非常害怕。然而，为了讨好老师，她总是主动帮助老师收拾玩具，把每件事情都做得很好。但是开学一个月之后，妈妈发现黄桃出现了行为异常。原本睡眠很好的黄桃，经常半夜 12 点的时候从睡梦中哭醒，一直要哭 20 分钟左右，才能在妈妈的安抚下渐渐入睡。她不仅夜里出现尿床的现象，白天在幼儿园里也经常尿湿裤子。妈妈很纳闷，因为黄桃从 2 岁之后就不尿床也不尿裤子了，这到底是怎么了呢！与此同时，黄桃还表现出不愿意去幼儿园的行为，每天早上总是拖延去幼儿园，磨磨蹭蹭不愿意出门。妈妈看到黄桃的状态很着急，所以带着黄桃去检查小便，结果显示黄桃没有任何尿路感染等问题。在咨询心理专家后，妈妈意识到黄桃是因为精神紧张，导致小便异常，也导致出现拖延的行为。

才 3 岁的孩子，为何会出现精神紧张的状态，而且这么严重呢？在和老师沟通之后，听到老师夸黄桃懂事乖巧，妈妈知道黄桃掩饰了真实的自己，而是在老师面前表现出最好的一面，这也使她在幼儿园期间始终无法放松自己。过度的紧张焦虑，让黄桃在伪装自己的同时，也采取消极的拖延方式来逃避不得不面对的现实。

3 岁的孩子伪装自己，只为了讨好不苟言笑的严肃老师，可想而知她的内心是多么敏感脆弱。别说这么小的孩子，就算成年人，如果白天总是生活在紧张的伪装状态下，也会感到精神焦虑、心力交瘁的。曾经，有人以孩子乖巧懂事来表扬孩子是个“小大人儿”，其实从儿童身心健康发展的角度来说，“小大人儿”的孩子往往背负了太多。孩子要想拥有无忧无虑的童年，就无须想得太多，而要顺着自己的本性做自己想做的事情。所以和“小大人儿”相比，其实“马大哈”的孩子更快乐、更幸福。从这个角度来说，当父母确定孩子之所以拖延是因为想要逃避现实，那么就要给孩子放松的环境，让孩子的精神得以解放，这样孩子在各个方面的表现也会更加真实自然。否则，让负面情绪淤积在孩子内心深处，长久之后就由量变引起质变，孩子也会从拖延渐渐发展到更严重的心理问题。

当然，在这个事例中，幼儿园老师的严肃和不苟言笑，也给孩子造成了不一样的心理压力，才会导致孩子掩饰自己的本性，想要更好地表现自我。作为老师，尤其是幼儿老师，一定要有亲和力，让孩子能够坦然放松自己。而作为父母，也要给孩子营造愉悦的家庭环境，让孩子自由自在、无忧无虑地成长。至于是否让别人失望或者能否达到别人满意的问题，远远不是孩子在年幼时期应该考虑的。如果孩子从小就思虑太多，那么长大之后他们依然会过于在乎他人的眼光，从而让自己一生都不能活得尽情洒脱。所以，从现在开始，父母们就要减少对孩子的束缚，也不要轻易评价孩子的行为，让孩子就像野草一样自然成长吧，他们终究会成为最好的自己！父母在孩子小的时候要不断肯定、鼓励孩子冒险，并对孩子的行为做出正面反应。父母要察觉自己的言语、行为会引发孩子的什么反应，要在与孩子的对话过程中不断给予孩子赋能，不是结论、评价、命令，而是不断地探寻孩子的世界、了解孩子的角度，不断鼓励孩子、支持孩子，同时不断地构建起孩子的区分力：别人的评价是别人的标准，别人也许会给你贴标签，但那是别人的事情；让孩子在日常教养的过程中不断地形成独立思考的能力，也可以正面评价自己，客观看待他人评价，慢慢地从敏感中走出来，拥有属于自己的卓越空间。

7.意志坚定，对任何事情都不畏缩

很多孩子之所以拖延，是因为缺乏意志力，导致面对任何事情都畏畏缩缩，根本无法控制自己，遇到问题、困难或者诱惑时，也自然无法激励自己奋勇向前。曾经有很多心理学专家对孩子的意志力展开研究，并且试图发现意志力坚定的孩子会有何不同。最终，各种研究的结果都告诉人们一个事实，即意志力坚定的孩子在长大成人之后，更容易获得成功，这彻底颠覆了人们长久以来的观念，即觉得只有智力才是人们获得成功必须具备的要素。实际上，意志力往往决定了孩子们对于自己的控制水平，而孩子唯拥有意志力，才能最大限度地发挥自身的智力水平，为成功奠定基础。毫无疑问，意志力对于促使孩子们当机立断展开行动、戒除拖延也是有很大作用。当感到犹豫不决、迟疑不定的时候，意志力会对孩子产生内驱力的作用，从而让孩子更加主动去努力，而不会拖延。

毋庸置疑，没有人能够主宰这个世界，然而意志力坚定的人在以超强的自制力突破自身的局限、实现自身的发展之后，必然能够取得质的飞跃。父母要想培养孩子坚定不移的品质，在任何事情上，都要督促孩子坚定不移、锁定目标、直奔结果，在意识中构建结果一定要发生的决心，从一点一点地努力提升孩子的意志力，到帮助孩子勇敢地面对人生、面对这个世界，也给孩子的成长提供更多的可能性。

很多成年人都会对人生路上的那些诱惑记忆犹新，比起成年人，孩子显然对诱惑更加缺乏抵抗力。这是因为孩子的自控能力还很弱，而且总是受到本能的驱使，做出自己最直接的反应。大名鼎鼎的米歇尔博士在斯坦福大学从教，针对儿童的意志力，她进行了一项经典的实验。实验的大概经过是给孩子们每人发一块糖果，然后告诉孩子们如果能够等待实验组织者回来再吃糖，就能得到额外奖励的另一颗糖。然而，在短暂的时间里，大部分孩子都无法控制自己、战胜糖果的诱惑，最终他们吃掉了糖果。而那些拥有自控力的孩子，则采取各种方法帮助自己战胜对糖果的欲望，最终等待实验的组织者回来，得到了额外的一块糖果作为奖励。在后来的跟踪研究中，米歇尔博士发现那些拥有自控力的孩子不管是在学习中还是在成人之后的社会生活中，都获得了更好的成绩和成就，他们的人生也更加成功。这恰恰证实了坚定的意志力对于孩子发展的重要性。

在这个经典实验中，其实还表现出部分孩子以坚定的意志力推迟了享受。看起来这并不难，只要经过等待就能得到两颗糖果，实际上孩子们对于糖果总是缺乏自控力的，因而他们选择等待，成功等待，足以充分表现出他们的意志力。米歇尔在实验过程中也发现，那些缺乏耐心和意志力等待的孩子，很容易出现行为问题，他们的心理也比较脆弱，无法承受较大的压力。正如一位名人所说的，人最大的敌人就是自己。其实那些能够战胜自己对糖果的欲望、选择等待实验组织者回来的孩子，具有更坚强的意志力，也就具有更大的成功可能性。面对人生诸多磨难，戒除拖延无非是让自己在各种情况下都能做到当机立断展开行动，这听起来很难，实际上是孩子们能够做到的。

不得不承认，人是有人性弱点的，人的很多本能都暴露了缺点和弱点，也可以说人的共性就是缺乏意志力。尤其是对于孩子而言，因为他们更感性，也更缺乏意志力，所以在成长的过程中必然会面对更多的诱惑。要想培养孩子的意志力，帮助孩子战胜本能的拖延，父母首先要给孩子树立好的榜样，以身示范，成为意志力坚定的楷模。其实，孩子的成长受环境的影响很大，父母未必要给孩子提供太多切实的帮助，而要为孩子创造良好的环境，助力孩子成长。父母尤其要注重培养孩子的专注力，孩子唯有专心投入地做一件事情，才会对事情更感兴趣，也才能深入事情的本质，从而发挥自己的所长，尽量把事情完成得更好。当意志力和专注力成为孩子发展的动力，孩子就可以顺利摆脱拖延。

从本质上而言，意志力并非是天生的，所以父母不能武断地判定孩子有没有意志力。孩子只要对自己严格要求，排除万难也要达成预期的目标，就能渐渐地增强意志力。很多时候，孩子的意志力与格局、梦想、身份有很大的关联，孩子的梦想越大、越想获得成功，意志力就会越强；相比之下，没有目标的孩子意志力就会越弱。为了增强孩子的意志力，让孩子摆脱拖延的状态，勇敢无畏地面对人生，父母在孩子成长的过程中应该更多地关注孩子的身份塑造，即不断塑造他是一个怎样的人，并且把这个身份与目标、路径结合，此外还可创造一系列的体验，这样孩子的意志力就会越来越强。从这个角度而言，父母要帮助或者协助孩子塑造身份、激发理想，协助基于理想的目标，并分解目标，进行理想管理，从而让孩子拥有方向，并且朝着既定的方向不断努力。细心的父母会发现，如今“玻璃心”的孩子特别多，这与从小娇生惯养以及很少得到实实在在、充满力量的表扬、鼓励有很大关系。很多时候，父母用了太多虚无的词语赞扬孩子，例如“你真棒”，导致孩子根本不知道自己“棒”在哪里。在训练营中，几乎90%以上的父母都不会表扬孩子，很多时候面对结果，父母不是让孩子自己面对，而是直接替代孩子负责任，从而剥夺了孩子担负责任的机会，这样孩子就很少遭受挫折，因而心理上非常脆弱，根本无法承受各种打击和磨难。为了避免孩子养成知难而退的坏习惯，让孩子拥有坚强的意志力，父母还可以设置一些障碍给孩子。在面对困难的过程中，不断地引导孩子反思，支持孩子努力尝试，寻找解决问题的办法，这样孩子才会在努力的过程中不断超越困境，也突破自我。众所周知，温室里的花朵禁不起风吹雨打，而在野外生长的野草能够“野火烧不尽，春风吹又生”。所以，明智的父母会有意识地锻炼孩子的意志力，从而让孩子更坚强勇敢，彻底改掉拖延的坏习惯。

现在，很多孩子都是名副其实的“小公主”“小王子”，绝大多数父母与爷爷奶奶会无意识地要求孩子好好学习，其他的事情都不让孩子管，这样一来，孩子渐渐习惯了衣来伸手、饭来张口的生活。要想培养孩子独立的生存能力，父母就要学会尽早放手，从点点滴滴培养孩子的自主性和主观能动性。当孩子能够战胜困难、获得成功时，他们一定会感受到非同寻常的喜悦。父母替孩子做了很多本属于孩子的事情，这个也是一种“边界的入侵”，“边界”不清的孩子在未来的人生中也会形成不负责任、归罪于外的心态，尤其是在需要承担责任的时候，他们往往会采取拖延的方式逃避责任。当然，父母不能一味打击孩子，毕竟孩子非常信任和依赖父母，尤其在乎父母对于他们的赞扬。对于孩子点点滴滴的进步，父母不但要看在眼里、记在心里，更要说在嘴上。当孩子遇到困难时，父母要有意识地让孩子直面困难，也要在孩子面对后及时给予孩子嘉许。这种嘉许往往对孩子的面对行为起到极大的激励作用，孩子会有“赢”的体验，获得成就感，慢慢建立起面对与结果的关系，从而使得意志力日益增强。必要的时候，父母还可以给予孩子适当的奖励，巩固对孩子的教育成功。总而言之，当孩子因为意志力薄弱而变得拖延时，父母一定要对症下药，才能让教育事半功倍。

很多父母也许会给孩子讲很多道理，在这些方面大多数父母都能做得很好，他们却很纳闷，为什么孩子的意志力依然不够坚强。实际上意志力是孩子难得的品质，父母需要以实实在在的行动来帮助孩子增强意志力。例如，带着孩子进行体育锻炼，坚持运动或者在节假日带孩子一起去郊外远足、去爬山，等等。当孩子真正战胜那些有难度的项目时，他们也会获得切实的成就感，感受到成功的喜悦，从而增强自己信心。通常情况下，孩子身体强壮，意志力也更加坚定；而孩子身体体弱多病，则他们的意志力也相对薄弱。谁说运动和锻炼只能强身健体呢？运动和锻炼更能让孩子形成坚定的意志力，帮助孩子不断成长，最终让孩子远离拖延，奔向成功！

第七章
减轻压力，还给孩子轻松自在的童年

即使是作为成年人在面对巨大的压力时，也会推三阻四，想出各种办法给自己找借口，拖延下去，就是不愿意立即展开行动。这到底是为什么呢？归根结底，趋利避害是人的本性，拖延也是人面对压力和无可逃避的现实时，自然而然做出的举动。所以，父母首先要做的就是减轻压力，还给孩子轻松自在的美好童年。当孩子无忧无虑地徜徉在童年的美好时光时，他们有什么理由逃避呢？作为父母，唯有了解孩子拖延背后的真实原因和真相，才能更有效地帮助孩子戒除拖延的坏习惯。

1.不强迫，让孩子心甘情愿不拖延

中国的父母很多时候容易出现一种状况，就是隐形强迫，有两个经典的说法叫作“有一种饿叫你妈觉得你饿，有一种冷叫你妈觉得你冷”。回忆起童年的时光，父母们还记得当初你的爸爸妈妈逼着自己添加衣物的情景吗？孩子似乎天生就不喜欢穿更多的衣服，当衣服过于厚重，他们的行动未免受到局限，他们当然不愿意添加衣服。然而秋季寒凉，孩子很容易受凉感冒，所以父母要第一时间提醒孩子增添衣服，从而起到良好的保暖效果，也保护孩子的身体健康。但是孩子不乐意，每当看到父母拿出厚重的衣服，他们总是皱起眉头，和父母打“嘴巴官司”，拖延增添衣物的时间，就是不想穿更多的衣服。每当这时，父母也许会强迫孩子穿衣服，毕竟着凉感冒可不是好玩的事情。孩子不得不嘟囔着小嘴，带着满腹的不情愿，勉为其难地穿起衣服。但是，这并不能让孩子彻底戒掉拖延穿衣的问题，反而会激发起孩子的逆反心理，导致孩子更加拖延。

在亲子关系中，很多父母都习惯于使用强迫的方式要求孩子必须听自己的。殊不知，这种强迫的方式对于小孩子也许效果还不错，毕竟小孩子年纪小，身心发育还不健全，因而他们表现出很听话的样子。但是，对于大一些的孩子，强迫的方式往往导致事与愿违，甚至会使孩子因为不甘心而采取各种方式拖延。父母强迫孩子的初衷是什么？就是说服孩子，让孩子做出正确的决定。如果孩子心不甘情不愿，那么父母也就无法实现初衷。由此可见，强迫的方式从来不是处理亲子关系和解决亲子之间分歧的好方式。明智的父母会尊重孩子，想方设法说服孩子，而不会一味强迫孩子必须听自己的，更不会强求孩子对自己言听计从。所谓“强扭的瓜不甜”，说服孩子也要做到让孩子心服口服，才能起到最好的效果。否则，只会让孩子消极地抵抗，导致孩子采取拖延的方式无限期延缓本该解决的问题。

退一步来说，即使从孩子成长的角度看，对父母言听计从的孩子看似听话乖巧，实际上他们在过度依赖父母的成长过程中，渐渐失去了自己的主见，也导致自己总是人云亦云。哪怕有朝一日他们长大成人离开父母，独自面对社会，这种负面的性格特征也会一直跟随着他们，导致他们在人生中迟疑不定、畏缩不前，最终一事无成。总之，对孩子而言，过于强迫或者过度顺从都不是好现象。明智的父母理应为孩子营造民主和谐的家庭氛围，帮助孩子形成自己的想法和主见，也教会孩子积极采纳父母的意见。如此坚持下去，孩子必然渐渐成为独立理性的个体，也能做到与父母更好地沟通和互动。否则，如果孩子会因为父母强迫而拖延，心中还会对父母产生逆反心理，不管父母说什么，他们都觉得是错的，都一味抵触。当他们形成不由分说否定父母的坏习惯时，那么谁又能充当他们成长过程中的领路人和引导者呢？所以，明智的父母不会强迫孩子，而是会在做通孩子思想工作的基础上，让孩子主动积极地做出决策。

马克已经读小学三年级了，一直以来，他与父母的关系都很好，也能与父母融洽相处。然而自从过完9岁生日以后，马克就像变了一个人一样。对于妈妈的关心、爸爸的引导，他都觉得很不耐烦。原来，马克人生中第二个叛逆期如约来到了。

这一天，马克要和妈妈一起去姥姥家，因为马克的作业还没有写完，妈妈要求马克："你必须写完作业，我们才能出发。"马克央求妈妈："妈妈，好不容易去姥姥家一次，姥姥一定等急了，我们先去吧，等到回家之后，我保证马上写作业。"妈妈表现出一副心知肚明的样子，得意地说："我就知道，你一定想与姥姥家的大黄狗玩了。但是，你必须至少写一半的作业，我们才能出发。"看着妈妈脸上坚决的表情，马克很沮丧。他无奈地拿出作业本开始写作业，但是不管多么努力，他都无法静下心来完成作业，因为他的心中愤愤不平，想不明白妈妈为何不信任他。最终，直到中午出发前，马克也没写几个字，再次被妈妈强迫要求必须写完一半的作业才能出发时，马克索性说："好吧，我不去了，你们想去就去吧！"妈妈没想到马克会这样，生气地斥责马克："怎么着，让你写个作业就这么难吗？你不去拉倒，我们去！"其实妈妈不知道，马克根本不是因为不想写作业才拖延，而是因为妈妈不信任他而伤心，所以才故意拖延的。

孩子虽然小，自尊心也是很强的，他们无条件信任父母，希望得到父母的理解和信任。当父母对他们表现出不信任时，他们当然会因此而伤心，甚至还会对父母产生逆反心理，渐渐地不再信任父母。所以，作为父母，虽然在生活中有很多做决定的权利，但是不要在孩子身上滥用。在普通的人际关系中，尊重是相互的，信任也是相互的，在亲子关系中同样如此。父母更不应该表现出高姿态，唯有父母信任孩子，孩子才会值得信任；也唯有父母信任孩子，孩子才不会辜负父母的信任，即使遇到问题也会与父母协商解决，而不会以拖延的方式消极地对抗父母。

此外，为了帮助孩子更好地戒除拖延，父母一定要选择在合适的时机和孩子沟通。例如，在孩子因为没有顺利完成任务而感到沮丧万分时，父母可以给予孩子鼓励，引导孩子下次提前展开行动，为自己抢占先机。再如，当孩子因为堆积了太多的学习任务没有完成而担忧不已时，父母可以帮助孩子分清事情的轻重缓急，厘清事情的顺序，这样一来孩子知道该干什么、怎么干，做事情的效率也会更高，自然也会当即展开行动，而不会继续拖延下去。毫无疑问，戒除拖延并非是一件简单的事情，很多成年人在面对自己的拖延时也会感到很无奈，无法成功地控制自己，更何况是孩子呢？所以，父母一定要以正确的方式引导孩子，让孩子心服口服，而不是强迫孩子接受父母的意见，导致孩子因此对父母心生叛逆，也以拖延的方式消极怠工。

2.放手，是对孩子最好的爱

民间有句俗话，叫“穷人的孩子早当家”，这句话告诉人们，越是家境贫苦的孩子，反而越能够体谅父母的辛苦，也更奋发向上。相反，家境优渥的孩子，如果得到父母无微不至的宠爱，那么他们就会失去很多锻炼的机会，在生活能力上得不到锻炼，进而变得娇纵，甚至成为高智商的“废物”，除了会考试，其他部分则社会化不足。遗憾的是，尽管有很多父母都知道溺爱孩子是不对的，而且仅从字面意思来理解，“溺”也有淹没的意思。用爱来淹没孩子，显然是父母不愿意的，但是偏偏有很多父母正在无意识地这么做。他们对孩子总是充满爱意，恨不得一切都为孩子代劳，而当父母这份深沉的爱变得过分时，就会导致对孩子过于溺爱，令孩子不知道承担自己应该承担的责任。

当孩子认为很多事情都是分外之事时，他们潜意识里就会排斥做那些事情，也会在做这些事时故意拖延下去。唯有引导孩子意识到很多事情都是他自己的分内之事时，他们才能解除拖延，当机立断去做，而不会把责任推卸给别人。由此，孩子才能成长为雷厉风行、负责任的人。常言道，“慈母多败儿”，也有人说，“富不过三代”，其实都在隐晦地告诉人们，父母对于孩子过分宠爱，会导致孩子越来越不成器。从这个角度而言，要想成为合格的父母，并非是只有爱就足够的。尤其是要想培养孩子成才，更要给孩子正确的爱，既疼爱孩子，也要孩子在爱中面对很多事情，才能让孩子在父母宽严适度的管教与爱中茁壮成长，成为一个人格健全、行动力超强的人。

很多父母都不知道，父母无限度、无原则的爱会毁掉孩子的一生。很多父母自以为对孩子好，就是给孩子一切自以为好的，其实不然。温室里的花朵经过无微不至的照顾，变得弱不禁风，而室外野地中的野草，那么摇曳，正是因为野草生命力顽强，在大自然恶劣的环境中，受到了最严酷的挑战和锻炼。爱一个孩子不是“给己所好，而是成其所能”，父母不是替孩子负责任，而是陪伴孩子，让孩子对自己负责任。任何时候，爸爸妈妈都可以是孩子的后盾，但是很多事情需要孩子自己面对。与此同时，爸爸妈妈也要相信孩子可以面对，从而督促和激励孩子在经历中学习、成长。从本心的角度而言，没有任何父母愿意毁掉孩子，那么父母就要学会放手，理智地对待孩子和爱孩子，而不要用爱淹没孩子的人生，更不要用爱折断孩子飞翔的翅膀。适度的压力，会给孩子带来动力，让孩子毫不迟疑、绝不拖延，全力以赴地奔向未来。

前些年，每到新生开学季，高分低能的孩子们就会闹出很多笑话。曾经有大学生因为不会自己铺床铺，不得不在学校里坐整整一夜；还有的大学生因为从未见过带壳的鸡蛋，因而不会剥鸡蛋壳，就把鸡蛋连壳吃掉，为此还纳闷为何学校里的鸡蛋和家里的不同。虽然这种现象不多，但是看到类似的新闻，人们未免感到啼笑皆非，却不知道这一切都是父母溺爱导致的。太多的父母对孩子采取包办的做法，目的是让孩子聚焦在学习上，但是也因为这样子，孩子失去了很多锻炼的机会，结果面对和解决问题的能力弱，尤其是在遇到难题的时候，除了拖延，似乎没有其他更好的办法。很多父母觉得孩子还小，认为孩子什么都做不到，为了避免孩子帮倒忙，所以他们也不让孩子做。但是父母忽略了一个事实，即如果孩子不做，就得不到锻炼，能力就无法提升。不管父母出于怎样的心理，他们都剥夺了孩子不断练习、形成独立能力的机会，也使得孩子面对难题时只剩下拖延作为唯一的选择。记住，只有对孩子放手，孩子才能渐渐走向独立。否则，一旦孩子长大成人之后发现自己什么事情都不会做，也因为已经习惯了衣来伸手、饭来张口，必然导致他们更加拖延和畏缩，这对孩子勇敢地面对学习、生活中遇到的困难，以及培养孩子的自信心，都是极为不利的。

有智慧的父母更重视培养孩子的独立能力，从而激发孩子自强不息、奋发向上，也让孩子面对难题无所畏惧、绝不退缩和拖延。尤其是在很多发达国家，父母对孩子采取“散养”的方式，和中国父母完全包办家务不同，发达国家的父母总是尽量让孩子和其他家庭成员一样，承担起一定的家务，分担家庭的重任。所以，很多发达国家的孩子小小年纪就表现出独立性，进而富有独立精神，还有很多孩子从 18 岁成年开始就自力更生，绝不过分依赖父母。在美国，有很多富裕家庭的孩子，也都信奉自力更生的观点，成年之后靠着做家务甚至为邻居修剪草坪等来为自己赚取零花钱。有的边上学边找各种机会打工，从而充实自己的人生阅历，让自己拥有更多的人生资本。正是在日复一日的积累中，孩子才成长得越来越快，最终独当一面，从容应对人生，也实现了在面对任何问题时决不拖延。

当然，让孩子独当一面，并非是件容易的事。也许有些父母会说孩子还小，其实孩子的能力远远超出父母的想象，只要父母放手，孩子可以独立自主做很多事情，而要想培养孩子的好习惯，也需要父母和孩子一起坚持。很多父母自身就缺乏耐心，别说督促孩子了，他们自己也很难坚持下去。殊不知，这样会对孩子造成负面影响。因而，父母一定要抓住各种机会锻炼孩子各个方面的能力，从而帮助孩子远离拖延、努力进取。

小杰 6 岁了，家庭环境优越。然而，父母对小杰从不溺爱，所以小杰的自理能力很强。一年级开学，小杰表现得比其他孩子都更稳重，他主动打扫班级的卫生，很有眼力见儿地帮老师发书，总而言之，他积极主动，而且性格开朗，很快就赢得了老师的赞赏。

和小杰相比，班级里有的孩子看起来懵懂无知，别说给别人帮忙了，他们连自己都照顾不好。有的时候，对于分配下来的班级任务，他们也会想方设法逃避，消极地拖延。这不，老师布置包书皮的任务，有的同学就等着回家让父母包，热心的小杰包好自己的书之后，还帮一个同学包好了书皮呢！此前那个同学因为不会包书皮，发愁得呜呜直哭。后来，老师提议让小杰当班长，班级里大多数同学都表示认可和赞同。

那个被包书皮愁得呜呜直哭的孩子，俨然是被自己突然面对的艰巨任务吓到了，所以只能以哭泣来拖延完成这项工作。6 岁的孩子，能做些什么呢？当看到别人家的孩子如同小大人儿一样帮助父母和老师做各种事情，他们只能哭泣，拖延自己应该完成的工作。父母如果不想让孩子未来如此孤立无助，就要学会放手，让孩子蹒跚着走上自己的人生之路。

真正爱孩子的父母，不仅仅关注孩子眼前能否得到最好的照顾，而是更关注孩子能否从容应对未来，活出属于自己的精彩人生。父母不可能照顾和呵护孩子一辈子，孩子必须自己去面对人生。因而，明智的父母会着重培养孩子独立自信的品质，对于孩子努力就能做到的事情，父母不应该代劳，对于孩子哪怕努力也未必能够实现的事情，父母也应该让孩子竭尽所能做到该做的一切。记住，父母可以帮助和扶持孩子，但是不能代替孩子做孩子力所能及的事情。只有抓住一切机会锻炼和提升孩子的能力，孩子才会戒除拖延，以勇气和能力行走人生。

3.信任，让孩子扬起人生的风帆

每个人都想得到他人的信任，那么对于孩子而言，父母的信任又有多么重要呢？越是年纪小的孩子，对自己无法做出准确中肯的评价，因而他们理所当然会相信自己最信任的人——父母。遗憾的是，大多数父母并不信任孩子，反而觉得孩子能力有限，什么事情都做不好，因而动辄就否定孩子，甚至限制孩子自由地行动。很多的父母用所谓自己的“对”来隐性操控孩子，实际上父母真的对了吗？父母所谓的“对”只是符合自己“对”的标准而已。孩子天生就具有主动性，他们愿意亲自做很多事情，当父母不信任孩子时，父母就会担心，自然就不愿意放手，同时这也剥夺了孩子锻炼和提升自己的机会。很多父母一直觉得孩子能力有限，无法把事情做好，反而会添乱，也害怕孩子不小心受伤。其实，不管父母出于哪种心态而有意无意地控制孩子做事情，都剥夺了孩子自由成长的权利，无形中会使孩子不愿意干活、不愿意面对，慢慢地变得更加拖延懒散，处处依赖父母。当孩子无法成功地发挥自己的实力、发展自己的能力，患上拖延症的他们如何获得成功呢？

孩子从呱呱坠地起，就开始了对人生探寻的过程。他们渴望加入这个世界，成为社会中成功的角色，也希望自己的能力不断增强，最终成功实现自己的理想。孩子对人生如此的渴望和积极的态度，就是他们行走人生之路的原始动力，父母一定要保护好他们的动力，培养他们的探索和担当精神，让他们变得更加强大。然而，初生的婴儿如同一张白纸，染上什么颜色就是什么颜色，也因为他们还没有对于自己的人生进行规划，必须依靠父母引导，所以父母对孩子的教养方式就显得尤其重要。很多父母都觉得婴儿尚在襁褓之中，因而对婴儿完全不在意。殊不知，婴儿也是一个独立的生命个体，也是有感知的。父母要在孩子小时候就从点点滴滴的方面培养孩子的独立能力，直到孩子成年之前，父母都理所当然肩负起引导孩子身心健康成长的重任。也许很多妈妈都觉得十月怀胎很辛苦，殊不知，从孩子出生开始，养育孩子就将占据父母大部分的生活，耗费父母一生的精力。所以，有人说孩子是每个人毕生最伟大的事业。的确如此，看着懵懂无知的婴儿在自己的照顾下逐渐长大，相信每个父母都会发自内心的欣喜和感动。要想让孩子鼓起勇气，就相信孩子的能力吧，也要给予孩子足够的信任，才能让孩子扬起人生的风帆，不断进步和进取！当然，父母的信任也会让孩子在人生的道路上一往无前、绝不拖延！

小伟才2岁，一个周末，妈妈正在整理家中的杂物，突然发现小伟正在模仿她的样子，试图把一个玩具球放到整理箱里。妈妈仿佛发现新大陆一样欣喜若狂，因为她意识到小伟长大了，开始帮助妈妈干活了。从此之后，妈妈给予小伟极大的信任，也经常找各种各样的机会让小伟帮她干活。

例如，在打扫卫生的时候，妈妈让小伟把地上大块的废纸和垃圾捡起来扔进垃圾桶；在做饭的时候，妈妈甚至让味觉敏锐的小伟帮忙尝尝菜的味道；一家三口要出行时，妈妈还会让小伟整理自己的小小行李箱……在妈妈的引导下，年幼的小伟变得越来越愿意分担家务。等到小伟6岁的时候，进入一年级，他已经成为无所不能的“小大人儿”。他每天晚上都自己整理书包，学习上的任何事情都能搞定。三年级开始，妈妈更是让小伟独自出门，去家附近的超市里给妈妈买一些临时急用的调味料。在这个过程中，小伟不但帮助了妈妈，也认识了很多调味料，更在选购的过程中知道了生活必需用品的用途。小学毕业后，小伟开始在邻居之间开展有偿做家务的活动，如修剪草坪、给草坪浇水等，还积攒了一笔报酬呢！等到进入大学，小伟去到离家很远的大城市，他是个生活方面的小能手，不管遇到什么事情都难不倒他。

相信每个父母都想让自己的孩子也变得像小伟一样能干，但是必须认识到，小伟的能干不是天生的，而是在锻炼自己的过程中逐渐形成的。试想一下，如果小伟的能力没有这么强，他怎么可能胸有成竹地做那么多事情呢？如今，有很多成年人在生活方面也显得很低能，实际上这就是缺乏锻炼的后果，能力低下让他们陷入畏缩的状态，表现出严重的拖延行为。

父母如果想让孩子成为生活的能手，能够独当一面地面对生活，那么就要从小培养孩子做家务的能力，要在潜移默化中让孩子变得越来越独立。其实，父母要想培养孩子的生活能力，有很多事情都可以交给孩子去做，如去超市购物的时候给孩子钱，让孩子结账，或者让年纪比较小的孩子帮助妈妈拎着菜去称重。等到孩子渐渐长大，他们能做的事情就更多了，如帮妈妈买东西或者陪着爸爸去运动、跑步。只要父母有心，总能找到合适的机会帮助孩子养成独立生活的习惯，父母对孩子的培养必须尽早进行，才能帮助孩子养成独立生活的好习惯。当孩子能独立面对很多事情时，对于事情的结果有所把握，也相信会有好的结果出现，当然就不会继续拖延下去了。

4.不当孩子的保护伞，促进孩子成长

现在的家庭孩子都不多，很多家庭里父母、长辈都把孩子当成了“眼珠子”，风大了不行，进沙子了不行，把孩子捧在手里怕摔了，含在嘴里怕化了，对孩子照顾得无微不至，生怕孩子受到一点点的委屈。除了给孩子提供衣食住行之外，父母还会竭尽所能消除孩子成长道路上的障碍，哪怕孩子遇到了难题，冲锋陷阵在前的总是父母。渐渐地孩子成了温室里的花朵，经不起任何风吹雨打。很多孩子已经3岁了，走路还让父母抱着，也不能独立穿衣服。那么，3岁的孩子能做什么呢？还处于到了幼儿园还要尿裤子的阶段吗？当然不是。如果孩子足够大胆，父母也能够及时放手，3岁的孩子当然具备自理能力，如自己吃饭、喝水和如厕，也能清晰地表达自己的需求，从而照顾好自己。现实的情况却并非如此，很多孩子进入幼儿园，不是尿裤子，就是不会吃饭，也有的睡觉时还要穿尿不湿，总而言之就是情况糟糕透了，也使得老师倍感压力。其实，这些孩子之所以自理能力差，就是因为他们掌握的技能太少，使得他们缺乏自信，也让他们在做很多事情的时候都采取拖延的态度，消极面对。

要想让孩子尽快成长，最好的方式就是改变孩子的行为习惯和依赖心理。现实生活中，很多父母对于孩子的依赖采取忽视的态度，或者在孩子哭闹之后就为孩子代劳，或者在孩子撒泼之后妥协，总之结局是父母“缴械投降”。很多父母总是自欺欺人“孩子还小，等到长大了，就会变好

了”“没关系，我就再顺从孩子这一次，下次绝不顺从他”“孩子很无助，理应得到父母的帮助”！在诸如此类想法的影响下，父母妥协的次数越来越多，孩子们也必然更加依赖成性、拖延成性。

孩子的心理发育还不健全，他们思想简单，一旦得到了身边人额外的照顾，他们就在趋利避害本能的驱使下，对他人更加依赖。例如，他们面对难题时束手无策，父母主动提出为孩子解决问题，这当然会使孩子产生懈怠的心理：没关系，父母会搞定一切！等到有朝一日父母不再可以依靠，孩子们又该何去何从呢？明智的父母不会当孩子保护伞，他们知道孩子唯有独立面对人生的风风雨雨，才能快速成长起来。过分溺爱孩子的父母，只会让孩子拖延成性，无法积极主动地面对生活。

刘涛十几岁的时候，父亲就去世了，从此之后，母亲带着5个孩子一起生活。刘涛是家里唯一的儿子，上面有3个姐姐，下面有1个妹妹，他是个不折不扣的宝贝疙瘩。又因为父亲去世了，所以家里人对刘涛更加疼爱。

在当时的农村，学校离得远，刘涛每天早晨上学都要走好几里地。为了照顾刘涛，二姐每天早晨5点钟就起床，给刘涛做饭吃。因为家里都是女人，只有刘涛这一个男孩，所以姐妹们也都呵护刘涛，不管遇到什么事情都让着刘涛。原本，妈妈和姐妹们都指望着刘涛长大之后能出人头地，结果不曾想，刘涛一直在女人堆里长大，得到妈妈和姐妹们的照顾和袒护，长大之后根本不像个男人，做事情总是畏首畏尾，一旦遇到小小的难题就无限度拖延下去，只能等着别人为他解决问题，也就根本无法担起整个家庭的重任。

人经历坎坷不可怕，重要的是提升自己的能力，勇敢地跨越坎坷、战胜困难，在每一次的面对中总结、提升，从而让自己变得越来越强。这就像是人的身体必须经过循序渐进的锻炼才能增强一样，人的精神也是要不断成长起来的。如果孩子在漫长的成长过程中从未经过挫折和磨砺，他们如何能够成长起来，成为强者呢？正如上文事例中的刘涛，虽然经历坎坷，但是在妈妈和姐妹们的一味宠溺下，他反而不成才，无法成为整个家庭的顶梁柱，更不能成为社会的栋梁。他拖延成性，失去信心和勇气，他的人生也因此而失去成功的机会。

当然，很多情况下孩子们并非不想自己去做，而是因为父母对他们的照顾太细致入微。很多父母总觉得孩子还小，等长大一些再学会自理也不晚，殊不知孩子的成长过程转瞬即逝，父母一定要及时撤掉孩子的保护伞，才能让孩子经风历雨，逐渐长大。要记住，对于孩子而言，适度的挫折只有好处，没有坏处。孩子在挫折的面对中构建与结果的健康关系，在经历中总结、在面对中成长，形成百折不挠的精神，而不会成为“玻璃心”的瓷娃娃。孩子的成长也如攀登台阶的过程，每个孩子在人生的道路上都只能拾级而上，而不能一步千里。所以，让孩子循序渐进经受各种磨难和考验，对于孩子而言非常重要，也能为孩子日后的成功奠定基础、积累资本。所谓不经历无以成经验，很多父母在教育孩子方面都存在一个误区，即觉得只要把经验传授给孩子就好，无须让孩子亲身经历各种磨难。殊不知，哪怕父母磨破了嘴皮子，父母的言传身教也远远不如孩子切身体验一次生活的真相。所以，明智的父母们，从现在开始就让孩子勇敢承担起人生的责任吧，相信孩子会有让你刮目相看的表现，行为上也更雷厉风行，远离拖延症！

5.不要输在起跑线上

如今，很多父母都把“不输在起跑线上”这句话挂在嘴边，也以此为原则来指导自己如何教养孩子。这么做的出发点当然是好的，也不可否认对于百米冲刺而言，一旦输在起跑线上，哪怕是发令枪响之后稍微迟疑，都会导致被其他选手甩在身后，再想赶超就很难了。然而，人生不是百米冲刺的短跑，也不是所谓的几百米赛跑，而是最长的一种跑步方式——马拉松跑。没错，马拉松比赛时，经验丰富的运动员们不会争抢开始比赛时的分秒，因为他们知道，马拉松比赛要靠着智慧取胜，而不能一味蛮跑。如果运动员一开始就以百米冲刺的速度往前冲，只怕不出一公里，他们就会彻底累趴下，再也无法继续跑下去。所以，优秀的马拉松选手一开始并不会拼尽全力，而是合理地分配自己的体能，从而保持在整个比赛过程中都应对自如。

其实，不输在起跑线上这句话不是说孩子的，而是指父母。作为父母，要有正确的教育理念、意识与思维，很多父母的思维意识在平庸、求存的位置上，认为孩子做作业就是完成老师布置的任务，而不引导孩子对作业进行深入思考。很多父母在引导孩子为什么读书时，会要求孩子好好读书，将来考个好大学，有份好工作，把孩子培养的目的就这样变成了一个就业培训。这样的格局与思维度不太可能培养出家国天下格局的孩子。没有格局，孩子在面对困难时的意志力自然就不强，因为没有那份来自内在的驱动力。如此一来，孩子也将变得鼠目寸光，只能经得起成功，不能承受失败，又或者一旦看到有失败的可能，马上就会缴械投降，以拖延来假装解决问题。

对于马拉松比赛而言，哪怕起跑的时候领先了，又如何呢？人们常说，笑到最后的人才是笑得最好的人，人生也是如此。因此，父母一定要摆正心态，在孩子的教育问题上千万不要急功近利。很多父母遵从让孩子“不输在起跑线上”的原则，从孩子胎儿时期就对孩子进行胎教，孩子还没出生就四处托人找关系给孩子联系幼儿园，孩子到了幼儿园，还有3年才上小学呢，父母又开始为孩子读小学的事情奔波了。

前段时间，上海的一位姥爷写了小外孙从3岁开始就冲刺民办小学的事情，取名为《牛蛙之殇》。这篇文章短短时间内就刷屏了朋友圈，也使更多的父母不得不反思：用孩子3岁到6岁之间最快乐无忧的童年时光换取所谓的名校，是否值得呢？文章中，姥爷告诉大家，小外孙的冲刺的确成功了，在层层筛选中也脱颖而出，但是问题突如其来，原来小外孙因为长期承受巨大的压力出现了感统失调，导致他在面试过程中不停地“挤眉弄眼”，最终各个方面达标的小外孙不得不接受惨遭淘汰的结果。姥爷的内心是沉重的，甚至全家人都因为三年来全力以赴的准备毫无收获，而陷入焦虑和失望之中。

接下来的路该如何走呢？这是每一个父母都要深思的问题。古人云，欲速则不达。父母要想让孩子在成长过程中不拖延，就要避免本末倒置和急功近利，从而帮助孩子健康快乐地成长，高效率地获得成功。

师范院校的琳琳毕业后曾经当过两年的老师，后来辞去工作，来到北京打拼。转眼之间十年过去，琳琳已经在北京安家落户，孩子都上幼儿园中班了。原本，琳琳觉得孩子只要按部就班地上学就好，却没想到班级里很多家长特别焦虑，从孩子一进入中班，就开始给孩子报英语班、蒙氏数学班等，给孩子“加餐”。对此，琳琳一直保持淡定，她相信孩子有自身成长的规律，父母不能拔苗助长。

然而，进入小学一年级，因为其他孩子已经在校外学习了一两年的英语，所以琳琳的儿子豆包在开学之初的几次考试中，全都排名倒数。尤其是在班级群里，家长们几乎天天都在讨论孩子们在课外班学了什么，还需要考什么资格证书，使琳琳也渐渐不淡定了。她不止一次地问自己：“如果孩子总是倒数的排名，又该怎么办呢？”琳琳和老公商量着也给孩子报班，不料，老公说：“报什么班啊，这才一年级呢，先帮助孩子养成学习的好习惯，他会后续有力的。”在老公的安抚下，琳琳好不容易打消自己跟风给孩子报班的念头，而是改为培养孩子的学习习惯。果然，将近一个学期之后，豆包的成绩有了提高，而且处于稳步上升的态势。转眼之间，到了三年级，豆包的成绩在全年级都名列前茅，那些曾经靠着报班提升孩子成绩的父母，很多都来向琳琳求教呢！

一旦给孩子的人生画上起跑线，不管是父母还是孩子，心中自然都变得焦虑不安了。的确，没有任何人愿意在起跑线上落后于人，毕竟有好的开始才会有好的结果嘛！但是，如果赢在起跑线上的计划是要以牺牲孩子的童年快乐为代价，那么就不值得。孩子在成长发展的过程中，每一个年龄段有每一个年龄段要学习的内容，比如 4 ～ 6 岁孩子好奇心很强，此时最重要的是在于开启孩子对未知事物的探索，而不是要求孩子必须进行机械的练习。这样的行为，对于孩子而言不是帮助而是伤害，毕竟孩子的童年只有一次，一旦错过，再也不会重来。这个年龄孩子的游戏，如溜滑梯、捉迷藏等也是学习。孩子小时候的学习是通过体验的感知来获得，所以父母要了解孩子生命成长的规律，依据孩子生命成长的规律智慧地教养。只有让孩子心智健康，才是不拖延，不让孩子输在起跑线上的最佳选择和做法。如今，虽然教育部提出减负的号召，各个学校也响应号召，给孩子早一些放学了，但是孩子才走出校园，就要与父母一起奔赴各种各样的补习班，可想而知其中的辛苦。现在的很多补习机构都在绞尽脑汁地计算孩子的课余时间，对他们来说课余时间就是经济效益，这些机构从各个角度研究父母心态，说父母喜欢听的话，这样父母在茫然与焦虑中开始成为这些人的帮手，很多时候所谓的兴趣班并非是孩子的兴趣，而都是父母的选择。父母做出选择的依据是自身的兴趣或者看到的别人家孩子的兴趣，而不是自家孩子在兴趣驱使下做出的选择。明智的父母知道，让孩子享受快乐的童年，在快乐中接触自然、在游戏与玩耍中成长，才会健康茁壮地成长，而如果孩子从小就被学习压得疲惫不堪，那么他们不但会表现出拖延的特征，而且也会因此导致心理不健康，甚至给整个人生都带来负面影响。

作为父母，不要让孩子输在起跑线上。人生的目的并非只有成功一个，实际上人生的终极目标是获得幸福。所以，父母一定要摆正心态对待孩子的教育和成长问题，而不要因为感染了整个社会对于教育问题的焦虑，导致自己也心神不宁，最终做出错误的选择。有的时候，父母一念之间，孩子就会拥有不一样的童年。父母心态淡定平和，孩子才能内心安定，也才能远离拖延。

6.在家里，给孩子划分一块“责任田”

很多人都认为，过去某些管理体制不健全又缺乏政治思想教育的单位，有些人，劳动的积极性不高，没有明确的责任，在奖惩制度不健全的情况下，他们哪怕在工作上偷懒也不会得到惩罚，自忖何必要白费力气呢？正是基于这样的心理，某些人不愿意付出，而是混日子，当一天和尚撞一天钟，对于所谓的分外之事全然不关心，对于所谓的分内之事，又总是无限期地拖延下去，能不做就不做。后来，农村实行家庭联产承包制，把田地分给每家每户，大家的劳动热情马上水涨船高；工厂里也实行改革，寻求最合适的方法改变工人们懒散的工作状态。时代发展到今天，在市场经济下，每个公司都没有闲人，基本做到了一个萝卜一个坑。一个人要想有所成就，就必须心甘情愿地付出努力，才有可能实现目标。这是因为在当今的政策下，是否拖延与经济效益密切挂钩，所以人们的积极性被激发了出来。

那么，在亲子关系中，父母为何总是要不停地催促孩子做各种事情呢？不管是学习也好，还是做家务、收拾自己的房间也罢，很多孩子都表现出极大的拖延性，甚至引发父母的反感情绪。日久天长，亲子关系必然在妈妈的唠叨声中变得越来越紧张。如果能够给孩子划分一块“责任田”，清晰孩子责任的边界，属于孩子的事情让孩子负责、自己面对，而不是父母替孩子负责。父母要知道，唯有让孩子学会对自己负责，独立搞定自己边界范围内的事情，孩子才能雷厉风行，拒绝拖延。与此同时，父母还要不断地塑造孩子的身份，让他知道“我是一个怎样的人”。基于这个身份，确定人生的目标，也确定要想实现人生目标必须怎么去做，从而激发出自身的内在驱动力。简而言之，就是父母要为孩子划分身份下的“责任田”，这样不但能够激发起孩子的积极性，而且能有效减少亲子冲突，还可以不断强化孩子的身份，真正做到一举多得。当父母给予孩子一定的主动性、信任孩子、赋予孩子责任，孩子就会产生内驱力，逐渐从被管理的对象发展到自主管理自己，从而使得自身承受的压力减小，渐渐养成良好的行为习惯，远离拖延，走向积极主动的人生。

琳梅是个8岁的小姑娘，她品学兼优、待人热情，但是唯独非常小气，不愿意与人分享。对于琳梅的这个缺点，父母也表示理解，毕竟琳梅是双独家庭的独生女，自然更加娇纵一些，而且从小也没有养成与人分享的好习惯。不过家里的人都宠爱着琳梅，所以琳梅倒也没有因为分享的问题闹出过难堪和尴尬。

有一次，爸爸单位里有个同事有很紧急的工作需要完成，又因为恰逢周末，所以带着孩子一起来登门拜访，向琳梅爸爸请教工作的事情。同事家的孩子才7岁，和琳梅正好能玩到一起去。因而，爸爸把小客人交给琳梅招待，自己则带着同事去书房处理工作。才过去10分钟，就听到客厅里传来孩子的哭喊声，爸爸赶紧过去查看情况，原来琳梅不让小客人碰她的玩具。爸爸觉得啼笑皆非，赶紧劝说琳梅：“琳梅，你是小主人，要让着小客人。况且玩具也玩不坏，让小妹妹碰一下没关系的，小妹妹会轻轻的。”平日里温顺乖巧的琳梅突然爆发，无论如何也不愿意妥协。最终，爸爸和同事只好匆忙结束工作，同事带着孩子告辞了，爸爸原本和同事约好中午一起吃饭，也没有实现。同事走后，爸爸数落琳梅小气，琳梅噘起小嘴不理爸爸。

这次的事情使爸爸很尴尬，觉得愧对同事，因而爸爸当即想办法，试图解决琳梅小气的问题。然而，不管爸爸怎么说，琳梅就是不愿意妥协，更不愿意分享。爸爸想起琳梅参加家里的民主会议时表现踊跃，脑中灵光一闪，当即通知全家人召开家庭会议。进行简单铺垫后，爸爸把家里的很多事情都进行了合理分配，最终自然而然地把招呼小客人的重任交给琳梅。爸爸还对琳梅说："琳梅，作为小主人，你代表着我们整个家庭的形象，爸爸希望你一定要当好小主人哦！"琳梅拍着胸脯保证："放心吧！"后来，全家人又在会议上阐述了对于自身工作的理解，琳梅提起自己是主人，突然想起自己曾经招呼小客人的表现，因而有些脸红地说："我以前做得不好，放心吧，以后我会对小客人很大方的。"听到琳梅的表态，爸爸这才如释重负，因为他的目的达到了。

如果爸爸强迫琳梅一定要对小客人大方，相信琳梅是不会配合的，因为没有孩子愿意被强迫。当爸爸基于主人的身份，赋予琳梅小主人的身份，也把家里一项非常重要的工作正式交给琳梅，所以琳梅身份变了，也就不会再小气了，在招待客人的时候自然积极热情，而不会因为吝啬导致拖延行为的发生。实际上，孩子爱惜自己的东西是很正常的，父母在看到孩子不愿意分享的时候，无须过于紧张，更不要对孩子做出过激的反应。孩子爱惜属于自己的东西也是孩子自我尊重、自我捍卫的一个标志，不一定是孩子小气。孩子理所应当能够对自己的人生负责，也有权利决定是否分享，所以以这种托付重任的方式帮助孩子成为热情的小主人，赋予孩子这个身份形成内在驱动力，显然效果不一样。如果父母不能尊重孩子，而是强迫孩子，则会导致孩子因为逆反心理而产生拖延。

现代的家庭生活节奏往往非常快，孩子们也需要为父母分担家务，至少要负责自己的“一亩三分地”，才能给父母减轻负担。为了激励孩子从事家务劳动，父母可以给孩子一个固定的劳动岗位，从孩子能做到的时候就要求孩子做家务，那么孩子就会渐渐形成习惯，再也不觉得做家务是额外的负担了。而且，适当从事家务劳动，对于帮助孩子养成健康、健全的人格也至关重要，毕竟人最高层次的追求就是实现自身的价值，也得到他人的认可和尊重。良好的习惯，可以帮助孩子戒除拖延，为了实现自身的价值，孩子也会积极主动远离拖延行为。

当然，给孩子赋予身份，划分“责任田”的方式不仅仅局限于孩子待人处事和做家务等方面。对于学龄阶段的孩子，每天到点洗漱、按时作息成为一件麻烦事，很多亲子矛盾也因此而起。为了一劳永逸地解决问题，父母赋予孩子身份、责任，在这个身份下与孩子约定一段自由安排的时间，让孩子有机会自主安排，这样一来，孩子感受到父母的信任，当然不会再以拖延的消极方式对待和处理问题。总而言之，作为父母，一定要让孩子有自己的责任和义务，也要让孩子意识到自己作为家庭成员的重要性。当父母把孩子作为家庭成员尊重和平等对待时，孩子自然会越来越积极主动，也能够在表现上不断提升和进步。当孩子真正管理好自己的“一亩三分地”，孩子就会充满动力，整个人生都会因此而变得与众不同。

7.给予孩子不可或缺的地位

一个人越是受到重视，他的表现也就越好，因为他要让自己符合他人的预期，符合他人的高度评价。所以，有人说，如果期望一个人变成什么样子，就要按照期望的那样去赞美那个人。对于孩子，父母却常常采取批评和否定的态度，他们很少把对其他人的尊重和平等用来对待孩子，因为他们从内心里根本没有把孩子当成独立的个体对待。这正是大多数父母的弊病，他们都觉得孩子是自己的孩子，而不是努力让孩子成为自己。哪怕孩子因为父母来到这个世界上，他们也不属于父母，而是属于这个世界，他们是世界上独立的个体。真正民主的家庭中，会把孩子当成家庭成员。曾经有心理学家说，孩子在3岁就可以发表自己的看法、表达自己的意见，而不应该被忽视。那么作为父母我们扪心自问，很多家庭的父母在处理很多家庭事务，包括处理和孩子相关的事情时，何曾询问过孩子的意见，更别说考虑孩子的意见了。现状就是，很多孩子哪怕已经十一二岁了，或者十五六岁也没有权利参与家庭决策，这完全是父母的心态导致的。正是地位的缺失，导致孩子们变得越来越拖延，因为他们找不到要提升自己的理由。

父母对孩子再怎么疼爱，也终究要老去，无法一直陪伴和照顾已经长大成人的孩子。既然如此，父母养育孩子过程中最艰巨的任务不仅仅是照顾好孩子的衣食住行，而是要培养孩子独立面对、独立思维的能力，从而让孩子做到自力更生。一个孩子如果没有自理能力，就永远也无法摆脱他人的照顾，更做不到摆脱对他人的依赖。与此恰恰相反，孩子必须更加独立，具备自理能力，才能在离开父母的精心照顾和呵护后，也生活得很好。父母爱孩子，不是让孩子成为自己的附属品，而是让孩子拥有独立、自信、自强、果敢的行动力，对世界怀着积极热情的参与心态，成为一个对社会有用的人。现在很多家庭对孩子都很疼爱，每个孩子都是从小被父母呵护备至的小公主、小王子，如何能够让他们主动地做好更多的事情呢？要想实现这一点，父母不能蛮干，而要赋能，学习父母与孩子之间的对话技巧和艺术，提升孩子在家庭生活中的地位，激发孩子的积极主动性，从而让孩子远离拖延。

现实生活中，很多孩子并没有意识到自己在心理上对家庭生活中的地位有要求，那是因为在父母忽略他们成为重要家庭成员之后，他们自己也忽略了自己。要想激发起孩子作为家庭小主人的责任感和使命感，父母一定要尊重孩子，给予孩子在家庭生活中不可或缺的地位，这样孩子才会看重自己，也主动承担起自己应该承担的责任。当孩子能够为自己撑起一片天，他们不但不会继续依赖父母，还会承担起照顾父母的重任呢！从这个意义上来说，责任能使孩子变得强大，也让孩子戒除拖延，变得有责任、有担当。

奇奇已经读小学六年级了，但是他的生活自理能力很差，对父母的依赖性特别强。例如，妈妈每天早晨送奇奇去学校时，总是妈妈背着书包，奇奇跟在旁边。如果奇奇是一二年级的孩子，背不动沉重的书包，尚还可以谅解，但是奇奇已经六年级了，身高一米七，比妈妈还足足高出半个头呢。看着这样一个大小伙子如此不懂事，未免让人感到焦虑。

有段时间，妈妈生病了，要去医院做一个小手术。手术那天正值周末，奇奇也跟着去医院。等了一个上午，手术还没有做，他未免焦虑起来，怨声道："怎么还没做手术啊，我都饿了，这要等多久啊！"听到奇奇的话，妈妈觉得很生气，毕竟妈妈要手术了，但是奇奇丝毫不体谅父母的痛苦，而是只想到自己。气过之后仔细想想，妈妈意识到其实还是父母教养的问题。一直以来，奇奇都在父母的照顾下生活，没有吃过任何苦，更没有受过什么罪，所以他难免形成了以自我为中心的思维方式。这次生病让妈妈感慨良多，她当即决定不能再把奇奇当小孩子照顾，而要让奇奇承担起家庭的重任，让他意识到自己已经成为小男子汉，需要照顾妈妈了。

人有生老病死，孩子不可能永远生活在父母的庇护下，甚至在未来父母需要的时候，孩子也要成为父母的一片天。记得曾经有一部影片，讲述了一个男人在外出工作的时候，突然摔伤导致浑身瘫痪的事情。男人的妻子不是原配，是二婚的妻子，这个妻子原本心地善良，对男人的儿子也很好。但是看到男人彻底瘫在床上，想起自己根本无法扛起这样沉重的生活，妻子还是离开了。自从和爸爸相依为命后，孩子勇敢地扛起生活的重担，他不让爸爸死去，而是利用放学后的时间四处捡破烂儿，养活自己和爸爸。即便如此，他也不抱怨，而是坚定勇敢。最终大家知道了孩子的事迹，给予了孩子大力的支持和帮助。小小年纪的孩子之所以爆发出如此强大的力量，是因为他与爸爸在家庭中的地位一下子颠倒了。原本他需要接受父亲的照顾，享受无忧无虑的童年。现在他要以稚嫩的肩膀扛起照顾父亲的重任，而且还要想方设法养活父亲。不得不说，孩子是脆弱的，也是坚强的，而责任则能够创造奇迹。责任使孩子不再拖延，责任使孩子扛起原本不属于他的重担，责任也让孩子加速成长。

父母要想让孩子不再拖延，让孩子以主人的身份介入生活，那么就要给予孩子至关重要的地位，这样一来，孩子必然感受到肩膀上沉甸甸的责任，也能够激发出自身的潜能，竭尽全力把一切做到更好。一个人能承受多少责任，与他被赋予多少责任是密切相关的。孩子并不像父母想象的那么软弱，父母一定要相信孩子会做得更好。得到父母的信任、托付，孩子一定会更积极主动，也会彻底远离拖延，在生活中充满动力地勇往直前。

第八章
适度奖励，让孩子自信满满、远离拖延

人总是需要激励的，但是很多时候激励不当并不能起到正面作用，甚至产生负面的效果，尤其是孩子还不够理性，一味鼓励也许对于孩子而言根本起不到良好的推动作用。在这种情况下，父母就要采取有效的奖励措施，激励孩子不断进步，也帮助孩子建立信心。这样孩子才能远离拖延，对人生越来越主动积极，从而拥有精彩充实的人生。

1. 制订奖励规则，列举奖励清单

几乎所有拖延的人都有拖延的原因，孩子也是如此。从这个角度看，要想帮助孩子戒除拖延，要在找到各种各样的原因之后，进行有效的调整，也可以有的放矢地制订奖励规则，从而为孩子戒除拖延提供强大的动力。如果孩子能够想到在完成一件自己以前经常拖延的事情后，会得到肯定、认同，甚至得到自己想要的奖励，那么他们会不会拥有更大的热情和更积极的动力呢？当然，答案是肯定的。由此可见，奖励不管对于成年人还是对于孩子而言，对戒除拖延都有很好的效果，甚至是立竿见影的效果。也许正是那些梦寐以求的奖励，才激励人们在人生的路上不断努力、勇敢奋进。

需要注意的是，在给孩子制订相应的奖励规则时，一定要坚持先做事后奖励的原则。否则，很多孩子缺乏自制力，一旦得到奖励，也许做事情就没有那么积极了。从心理学的角度而言，先做事再激励这也是对孩子进行延迟享受的训练，让孩子渐渐形成自控力。生活中，有很多事情都可以对孩子进行奖励，诸如在孩子帮助妈妈刷碗之后，可以多看十分钟动画片；或者孩子总是把自己的房间收拾得干干净净，那么就能够在积分达到一定的分数后兑换一个玩具。当然，奖励的方式也是多种多样的，要以能够激发孩子动力的方式为首选。

需要注意的是，奖励需要区分。有的父母在孩子根本不需要奖励时奖励，比如一个10岁孩子自己吃饭，这就根本不需要表扬，更谈不上激励了，这种类型的表扬会让孩子觉得自己很傻。另外，言过其实的表扬会让孩子有羞愧感，反而不喜欢爸爸妈妈在人前表扬他。

同时，奖励不能泛滥，以免孩子钻空子，养成不管做什么事情都要奖励。对于孩子的分内之事，如考试考了100分，从严格意义上说是不应该获得奖励的，尤其是物质和金钱的奖励。否则，孩子就会觉得学习是为了父母，而不是为了自己，导致学习态度不够端正，也影响学习的成绩。再如，对于原本分配给孩子做的家务，也是不应该奖励的，每个家庭成员都要承担起家务工作，这一点毋庸置疑。那么，到底哪些事情应该作为奖励的事项呢？家务中不属于孩子分内之事的，对于父母很重要而孩子经常拖延的事情，都可以在奖励的范围内。

父母也要认识到，没有谁家的孩子是天生不拖延的，所以父母要摆正心态，不要因为孩子拖延而大为恼火。尤其是当父母意识到自己本身也很拖延时，更要改变自己做事情拖拖拉拉的习惯，才能给孩子树立好的榜样。在这种情况下，再加上适度的奖励，孩子必然动作迅速，也不会愿意继续拖延了。当然，在制订奖励规则时，一定要注意，要奖励那些孩子渴望得到的奖品，如去一次游乐场或者买一个孩子心仪已久的玩具，又或者每天晚上多读一个故事等。试想，假如孩子对于父母的奖品根本不感兴趣，他们又怎么会督促自己加快速度，以达到父母的期望呢！通常情况下，奖励不要偏重于物质，而应该偏重于孩子喜欢做的事情或者渴望得到的机会。过多的物质和金钱会让奖励变味，明智的父母会更加注重对孩子进行正确的引导。

小马是一个拖延的孩子，不知道是因为受到爸爸慢性子的影响，还是天生就喜欢慢慢吞吞的，总之小马从小就不像其他孩子那样火急火燎的，而总是拖拖拉拉。为了与小马的拖延做斗争，妈妈尝试了很多方法，最终才发现奖励的方法是最有效的，也不至于引起亲子冲突。

小马5岁的时候，几乎每天上幼儿园都迟到。虽然幼儿园里并不教授太重要的内容，经常迟到却会影响其他小朋友的积极性。为此，妈妈只能奖励小马："马儿，如果你能加快速度，按时到校，妈妈去接你放学时，就会带一块你最爱吃的德芙巧克力。"小马是个小吃货，妈妈平时严格控制他吃巧克力，而巧克力又偏偏是他的最爱。妈妈话音刚落，小马立即行动起来，很快就洗漱完也吃完饭，高高兴兴地和妈妈去幼儿园了。一路上，小马还不停地问："妈妈，我要吃德芙黑巧克力，可以吗？"妈妈点点头，小马高兴极了。

在小马小的时候，妈妈就经常以吃的东西作为对小马的奖励，毕竟就算小马不表现好，很多东西原本也是要吃的，所以妈妈并没有付出更多。后来，随着小马渐渐长大，吃的东西显然不具备诱惑力。小学五年级时，小马因为粗心，导致月考成绩很差。而一个星期之后就是期中考试，妈妈非常紧张，不知道小马会考得怎么样。考试之前，妈妈对小马说："马儿，如果你考试过程中不粗心，保证会做的题目都做对，妈妈就陪你去一次游乐场。"小马早就想去游乐场了，但是妈妈很胆小，他担心妈妈有些项目不敢玩，因而问："可以让爸爸也陪我去吗？"妈妈点点头，说："当然可以，爸爸可以陪你坐过山车。"小马当即信心十足地向妈妈保证："Yes,madam！"妈妈看到小马的样子，不由得笑了，果然那次期中考试，小马进步很大，没有因为粗心而丢掉任何分数。

年纪小些的孩子大多数都喜欢食物、玩具等，年纪大些的孩子更喜欢游乐场或者单车等。心理学家经过研究还发现，不仅幼儿更依赖父母的陪伴，就算是十四五岁的孩子，也依然渴望有更多的时间与父母相处。所以，在制订奖励清单时，除了考虑孩子的喜好之外，也可以把陪伴作为一份特殊的礼物，送给渴望与父母有更多时间相处的孩子，必然能够起到更好的效果。

当然，所谓的奖励清单还要考虑到方便性和实现的可能性。如果父母总是许诺太容易，把奖励的项目说得太大，那么孩子就会质疑有没有可能实现。当孩子觉得父母不太可能兑现奖励时，奖励就会对他们失去鼓励的作用，他们必然积极性全无，也就不会竭力戒除拖延了。因此，要想以奖励的方式帮助孩子戒除拖延，父母就必须用心制订奖励规则，此外也要用心选择孩子最期望得到的奖励。在执行奖励的过程中，父母还要积极兑现对孩子的许诺，从而真正激发出孩子的斗志。

2.赞美，是对孩子最大的鼓励

在很多关于人际关系和社交的书中都曾经提到过，效果最好的赞美方式是通过他人赞美。因为背后的赞美丝毫没有功利性，完全是赞美者出于真心实意才说出来的。那么父母与孩子之间也要进行背后的赞美吗？如果允许，当然可以，不过因为家里人口有限，所以这些赞美最终还是会被孩子最亲近的人传递给孩子。比起背后的赞美，有一种赞美方式也很好，而且进行起来更加方便，那就是佯装无意让孩子听到父母的赞美。例如，当家里来客人了，妈妈可以借机对客人说：“我家孩子最近表现特别好，写作业从来不让我操心，特别积极主动。”如果孩子此刻正在房间里写作业，为了防止孩子听不见，妈妈还可以刻意提高音量，从而保证孩子肯定能听到她的话。如果妈妈足够细心，那么就会发现孩子在未来几天里，对于写作业的表现会更好、更积极，也更主动。从本质上来说，这其实也是背后赞美的方式，只不过在说的时候就能让孩子听到而已，产生的效果更具有时效性，也更及时。

现实情况是，很多父母都怀着过于谦虚的态度，如听到有人当面夸奖孩子，他们马上会说："哪里，哪里，孩子只不过是运气好而已。"这种看似谦虚实际上是在否定孩子的话，一旦被孩子听到，也会如同一盆冷水一样浇灭孩子心中的热情，导致孩子不愿意继续努力，更不愿意做出更好的表现。其实，有什么必要谦虚呢？哪怕父母对孩子，也要本着实事求是的态度，在听到他人表扬孩子时，父母如果能够尊重事实，坦然承认："的确，我家小薇特别勤奋，学习上很主动，这一切都是她自己努力的结果，她几乎从不需要我督促着进行学习。"这个时候，孩子如果听到父母对自己的认可，心中一定是幸福而又满足的。对于孩子而言，赞美，尤其是父母的赞美和认可，有着非同寻常的意义，甚至远远超过那些物质和金钱上的奖励。因而，明智的父母了解孩子的内心，也懂得用这种最常见且最容易进行的方式奖励孩子，满足孩子的心理需求，给予孩子心理营养，父母的赞美与认可会形成孩子深层意识中自我身份认同，就是会自己认定自己是一个怎样的人。

雅文突然感冒了，还伴随着发高烧。妈妈不得不给雅文请了几天假，让雅文在家里休息。两天之后，雅文不再发烧了，妈妈悬着的心也渐渐放了下来。这天下午，妈妈的好朋友，同时也是雅文好朋友的妈妈郝阿姨特意带着水果，来家里看望雅文。

郝阿姨告诉妈妈："原本小梦也要和我一起来看雅文，我担心感冒会传染，小梦体质也不太强，就让她再忍耐几天，然后来见雅文。"妈妈连声说："哎呀，就是个小感冒，哪里用看望啊，基本好得差不多了。"郝阿姨说："再过个两三天，雅文好利索了，我就让小梦来给她补课。"说到这里，妈妈突然抬高嗓门说："郝阿姨，你告诉小梦，让她别操心了。雅文今天刚刚退烧，自己就开始学习新课了。她可用功了，对照着教辅认真学习，有不会的就来问我，我觉得也算没落下。"隔着虚掩的门，妈妈的话传到雅文的耳朵里，原本正在看课外书的她，当即拿出书本开始自学新课。

如果你期望一个人变成什么样子，你就要按照那个样子去赞美他。这句话真是至理名言！不管是用在孩子身上，还是用在成年人身上，都一样效果显著、屡试不爽。其实，这并非意味这个方法多么管用，而主要是因为赞美的魔力很大。父母是孩子最信任的人，父母的赞美对孩子来说具有重要的意义。作为父母，如果你现在还在否定和批评孩子，不得不说，你已经 Out 了。真正爱孩子的父母，知道赞美是自己所能给予孩子的最好礼物，所以一定不会吝啬自己的赞美。

赞美是无形的奖励，但是赞美的效果一点儿也不比那些物质和金钱的奖励差。父母要想帮助孩子改变拖延的坏习惯，就不要吝啬赞美，如此信手拈来的奖励，反而能够激起孩子的信心，也能够打动孩子的内心。正如一位名人所说的，"不管是白猫还是黑猫，只要能抓住老鼠的就是好猫"。对付孩子的拖延，也不要局限于某一种方法，因为只要卓有成效就是好方法。

3.累进制奖励，让孩子可持续发展

虽然奖励对于帮助孩子戒除拖延有很好的效果，但是凡事都有两面性，既有利也有弊。奖励的方法一旦把握不当或者使用过度，很容易养大孩子的胃口，导致孩子每时每刻都想着得到奖励，甚至奢望哪怕只完成一件小事也能得到很大的奖励。孩子一旦出现这种好高骛远的心态，他们就无法有效戒除拖延，甚至还会导致拖延的行为越来越严重。要想避免这种情况出现，父母就要把握好奖励的度，从而让孩子对于奖励保持合理的预期。

奖励必须合理，才不至于让父母跟着受累。例如，孩子在完成一件事情之后，要求你必须带他去游乐场，而你忙于工作，根本走不开，那么这样的奖励要求就是不合理的。再如，孩子在整整一个学期内都坚持主动完成作业，而且完成质量很好，学习也稳步上升，那么父母理所应当抽出一天时间带孩子去游乐场，这也算是对孩子坚持不懈的奖励。总之，既不要给孩子平白无故的奖励或者过分夸大的奖励，又要让孩子觉得付出已经得到了父母的认可，也得到了切实的奖励，这种情况下奖励的效果才能更好。

在每个工作日的早上，乐乐都手忙脚乱。有的时候，因为赖床，他还会迟到。有一次，乐乐在星期一的升旗仪式上迟到了，导致班主任在全校同学和老师面前被校长批评。班主任简直气疯了，当即打电话告诉乐乐妈妈："如果乐乐以后再迟到，可以不用来学校了。"妈妈意识到问题的严重性，也因为给老师带来麻烦而感到内疚，为此决定想办法治好乐乐的迟到毛病。其实每天早晨，妈妈6点半就喊乐乐起床了，如果乐乐赖床的时间能短一些，行动上再迅速一些，就不会迟到。

然而，生活中无处不充满了矛盾。这不，到了晚上，乐乐还是不愿意早些上床睡觉。眼看着提前规定好的洗漱时间到了，他却一拖再拖，被妈妈催促了好几遍也不愿意动弹。无奈，妈妈放出狠招："如果以后到了9点你不去洗漱，到了9点半不准时关灯睡觉，那么次日的洗漱和睡觉时间提前半个小时；如果以后早晨喊你醒来，你总是磨磨蹭蹭，那么意味着你睡眠时间不足，当晚的睡觉时间也提前半个小时。每个星期里，每次半个小时，可以累加。当然，也有奖励。如果某一天你早晨起床特别快，早走到校，就意味着你睡眠充足，当晚可以延迟半个小时洗漱和熄灯睡觉。或者你某一天提前主动洗漱睡觉，而且第二天起床也顺利，那么还可以延迟半个小时。"妈妈的话说得很像绕口令，但是乐乐依然非常努力地听懂了。当天晚上，妈妈还没催促他洗漱呢，才8：50分，他就主动去洗漱了。第二天起床最让妈妈惊讶，因为乐乐10分钟就做完了以往需要半个小时才能做完的事情，有史以来第一次提前半个小时到达学校。

妈妈也兑现自己的承诺，给予了乐乐适当的奖励。当意识到在时间面前越主动，越容易获得更多的自由时间之后，乐乐每天都能主动洗漱，迅速起床，妈妈再也不为他睡觉难和起床难的问题而烦恼了。看到乐乐一直坚持得都很好，仅从作息时间上看就像变了一个人，妈妈周末还带乐乐去吃了他最爱的自助餐呢！

事例中，妈妈对于乐乐的睡觉和起床问题，制订了很好的奖励规则。

这个规则很平等，既有奖励，也有惩罚，所以乐乐才会感受到公平，而不觉得妈妈制订的是霸王条款。在乐乐坚持不错的情况下，妈妈还在周末请乐乐吃自助餐，更加巩固了此前的成果。很多父母总是一下子给予孩子过高的奖励，让奖励完全变了味，也导致孩子钻空子，试图从父母那里得到更大的奖励和更多的奖品。实际上，完全没有奖励和一味奖励一样，都不能对孩子起到最好的激励效果。父母在一开始无法确定奖励分量时，不如先从小奖励开始，观察孩子的反应。等到奖励能够如同预期一样激励孩子，那么父母也就无须继续往奖励清单里加入更多的奖品。

拖延习惯一旦养成，对于孩子的成长和人生的发展都是百害而无一利的。父母一定要重视孩子的拖延问题，在查找出孩子拖延背后的根本原因和心理原因之后，为了让孩子戒除拖延有更好的效果，也可以采取累进制奖励的方式，在合理范围内不断给孩子增加奖励的筹码，从而巩固孩子好的改变，也使得与孩子之间的关系更加和谐融洽。

和批评或者否定、鞭策等方式相比，奖励的方式无疑更加和平友好。很多孩子听不得批评，一旦受到批评，马上就觉得万分委屈，亲子关系也难免受到影响。奖励的方式则能够很好地避免亲子之间矛盾和争执的出现，哪怕父母对于孩子的奖励分量不足，孩子只是不那么兴奋而已，也不会因为奖励太小而与父母产生争执。所以，在能够用到奖励的地方，父母要多多给予孩子奖励。要记住，任何时候都不要不分青红皂白地指责孩子，否则孩子一旦变得叛逆，就很难再与父母彼此信任和亲昵，由此引起的后果是非常严重的。爸爸妈妈们，如果你们现在就发现了庆祝孩子获得成功和进步的好方法，那么不要迟疑，马上去做吧，你会发现在你的激励和奖赏中，孩子越来越远离拖延，变得积极进取！

4. 马蝇效应：恰到好处的压力也是奖励

心理学中有一个著名的效应，叫马蝇效应。马蝇效应的提出，和美国前总统林肯有着密切的关系。

1860 年，美国总统大选之后，大银行家巴恩看到参议员蔡思走出林肯的办公室，因而赶紧找到林肯告诫说："你千万不要选他进入你的内阁。"林肯不明就里，因而问："此话怎么说？"巴恩回答："蔡思狂妄自大，根本不把你看在眼里。""哦，"林肯说，"还有别人和他一样的吗？"巴恩回答："别人我就不知道了。不过，你问这个是什么意思呢？"林肯笑着说："我要把所有狂妄自大、自以为比我更强大的人都收入内阁。"

事实告诉林肯，蔡思的确如银行家巴恩所说的那样，是个非常狂妄的家伙。但是，蔡思的确能力很强，深得林肯器重。林肯总是处处让着蔡思，还把蔡思提拔为财政部部长。实际上，蔡思并不满足于此，因为他原本是想成为总统的，只是因为竞选失败，才不得不委曲求全。他想当国务卿，然而，西华德在林肯的提拔下成为国务卿，无奈之下，他只好再次退而求其次。

后来，担任《纽约时报》主编的雷蒙特也提示林肯，说蔡思正在想方设法取代林肯。林肯笑着对雷蒙特说："雷蒙特，你从小是在农村长大的，一定知道马蝇吧。小时候，我在肯塔基长大。有一段时间，我和兄弟一起犁地。我负责吆喝马，他负责扶着犁。这匹马简直太懒惰了，走得慢慢吞吞的，弄得我们都心烦不已。正当我心急如焚时，它突然狂奔起来，我险些跟不上。直到到达地头，我才发现马的身上叮着一个马蝇，因而我马上打掉马蝇，拯救了马。我的兄弟非但没有感谢我，反而质问我为何这么做，我不知所以，说是为了爱护马，我的兄弟对我说：‘你呀，你明明应该感谢马蝇，却偏偏要把它打掉，剩下的活儿怎么干呢！’我恍然大悟，原来是马蝇帮助我们催促马儿快跑的！”说到这里，林肯别有用意地说，“雷蒙特，蔡思现在就被一只叫作‘当总统’的马蝇叮着，我可不想再把帮我忙的马蝇打掉啊。”

马蝇效应告诉我们，适当的压力也能够成为动力，激励人们不断地进取。所以，对于孩子而言，父母一味奖励未必能够始终激励孩子，就像再美味可口的东西吃久了也会腻一样，有的时候父母给予孩子一定的压力，反而能使孩子奋发向上。明智的父母知道，哪怕磨破嘴皮告诉孩子很多大道理，或者是向孩子传授自己的切身经验，都无法让孩子信服。在这种情况下，如果父母确定任由孩子自己去做也不会造成恶劣的后果，那么就让孩子自己去碰壁，当他们从现实生活中得到实际的经验和教训时，他们也许就会恍然大悟。

现实生活中，每个人都要学会承担责任，孩子也不例外。当激励对孩子不再起作用时，那么可以尝试着让孩子因为错误而付出代价、失去权利。例如，孩子总是拖延写作业，那么父母可以告诉他在一定时间内没有完成作业的情况下，就不能出去玩了。再如，如果孩子晚上洗漱的时候总是拖延，那么父母可以告诉他既然洗漱要这么久的时间，那么明天晚上必须提前一个小时洗漱。这样一来，孩子感受到有可能失去既得利益，就会慎重对待，也会情不自禁地加快速度。

然而，在这样惩罚孩子的过程中，很多父母都无法坚决执行惩罚的措施，也不忍心看着孩子为后果付出惨重的代价。很多父母在看到孩子失望的眼神时，往往会心软，这个时候只要父母做出退让，对孩子教育和惩罚的效果就会大打折扣。然而，这却是个相对一劳永逸的方法，在成功之后，父母无须再为了督促孩子而不停地唠叨，也无须再继续与孩子抗争。渐渐地，孩子会记住拖延的严重后果，实际的经验带给他的教育作用是长久的。当然，这一切都要以父母的狠心坚持作为前提。

很多父母在向孩子宣布惩戒规则时，都是一副大义凛然的样子。然而，等到孩子因为犯错而面对惩罚，流露出失望和沮丧的神情时，很多父母都毫无例外地“缴械投降”，让一切努力都功亏一篑。父母必须让自己变得坚强，对孩子表现出来的无辜和委屈绝不退步，否则如果父母总是放任孩子无限拖延下去，那么终有一天会对拖拉磨蹭的孩子忍无可忍，也使得原本可以和平解决的教育问题变得不可收拾。从孩子的成长角度来看，孩子也会因一直以来的放任自流导致陷入拖延的深渊，他们不但在学习上深受拖延的干扰，人生也会受到拖延的影响。相信每一位父母都不想看到这样的情形，因为每一位父母的初衷都是爱孩子，而不是害孩子，更不是毁孩子。既然如此，爸爸妈妈们，就让我们从现在开始摒弃对孩子的溺爱，学会理智地对待孩子。也许暂时会经历痛苦，但是当孩子不再拖延，人生积极向上时，你和孩子都会获得更多的快乐与满足，作为父母，你甚至还会庆幸自己曾经选择坚持原则地对待孩子。

需要注意的是，孩子总是在向父母学习，因而父母在要求孩子遵守规则的同时，也要以身作则，给孩子做出好的榜样和示范。很多父母总是“只许州官放火，不许百姓点灯”，对自己宽容，对孩子严格，这显然是行不通的。父母对孩子真正的爱，是严格要求自己给孩子做出榜样，严格要求孩子执行规则，从而父母与孩子一起成长。此外，当孩子接受外界的规则时，如幼儿园或者小学的规则，父母也要坚决拥护规则，让孩子努力执行规则。总而言之，压力使人进步，唯有保持压力的状态，人生才会始终奋勇向前。父母要让孩子负责任，而不是替孩子负责任。

5.让孩子自主选择奖励的方式

很多父母都已经意识到奖励对于孩子成长的重要作用，因而也经常采取奖励的方式激励孩子。但是如果父母自以为某种奖励方式好，就强加给孩子，而不尊重孩子的喜好和意愿，那么就会导致奖励无法达到预期的效果，甚至还会导致孩子心生抵触。当父母制订了奖励的制度，而且也帮助孩子渐渐接受“先做事后享受”的规则，那么父母接下来要做的就是，尊重孩子的意愿，选择孩子喜欢的奖励方式，从而实现对孩子的激励效果最大化。尤其需要注意的是，对于年纪比较小的孩子而言，他们不会过分关注奖励的内容，而更在乎自己是否得到了奖励，如很多幼儿园的孩子，老师哪怕只是奖励了一张小贴画给他们贴在手上，他们也会喜滋滋地回到家里向父母炫耀。所以，对于年纪较小的孩子，如果父母不确定他们最喜欢什么，不如多多征询他们的意见，看看他们想要得到怎样的奖励。如果孩子一时之间想不起来也没关系，父母可以根据对孩子的了解，提出各种不同的建议，试看孩子的反应。有的时候，孩子也许会说要去一次游乐场或者去吃麦当劳，对于孩子而言这都是完全正常的，父母也可以坦然接受。在确定奖励之后，父母接下来要做的就是引导孩子努力完成自己的分内之事。实际上，细心的父母会发现，与孩子探讨奖励的过程，实际上是一段美好的亲子时光。在不断的交流和沟通中，亲子之间会相互理解，融洽相处。

当孩子渐渐长大，小小的奖励或者是寻常的奖励，很难激起他们的兴致了。这种情况下，父母更要避免单方面制订奖励规则。因为很多时候，父母想要给孩子的一切恰恰是孩子不想要的，这样一来奖励也就失去了意义，根本无法激起孩子的兴趣。对于大一些的孩子，父母要更加尊重和理解他们，也鼓励他们说出自己最想得到的奖励。唯有在与孩子交流时做到开诚布公，以真诚打开孩子的心扉，才能让交流更加顺利地进行下去，也才能让孩子更加积极主动地说出自己的想法。

眼看着就要期末考试了，妈妈早早地告诉蒙蒙："只要考试过程中能改掉粗心的坏毛病，而且取得与自己的水平相对应的成绩，那么就有惊喜大礼。"蒙蒙几次三番问妈妈礼物是什么，妈妈却始终摆出一副高深莫测的样子，对蒙蒙保密。

在礼物的激励下，蒙蒙的确使出了浑身解数，每天都在认真复习功课。期末考试，蒙蒙如愿以偿考取班级前五名，和之前成绩一直在班级十名左右徘徊相比，这是巨大的进步。一天，蒙蒙放学，妈妈拿出了一身名牌运动服送给蒙蒙，不想蒙蒙看到这个礼物之后脸上写满了失望。妈妈很纳闷："蒙蒙，你不是说自己喜欢卡帕的衣服吗？"蒙蒙沮丧地点点头，说："但是，我更喜欢手机，我们班的同学都有手机了。"

看到蒙蒙伤心失落的样子，妈妈于心不忍，当即说："好吧，这次是妈妈做错了，没有提前与你沟通。那么妈妈再给你买个手机当礼物吧，这身漂亮的运动服依然送给你。"听到妈妈的话，蒙蒙一蹦三尺高，欢呼雀跃地喊道："好啊，好啊，妈妈万岁！"妈妈赶紧又说："不要骄傲，继续努力，再接再厉！"蒙蒙喊道："放心吧，妈妈！"

对于大些的孩子而言，奖励一旦出错，就无法起到预期的效果。对于已经是大孩子的蒙蒙，妈妈的确做得不够周全，毕竟对于蒙蒙而言并不在乎所谓的惊喜，而是希望得到自己想要的奖励。如果妈妈提前和蒙蒙沟通，确定蒙蒙想要得到怎样的奖励，那么蒙蒙也就不会大失所望了。幸好妈妈及时补救，才让蒙蒙转忧为喜，也得到了自己心仪的礼物作为奖励。

任何一种人际关系，良好的沟通都是建立和谐关系的基础。亲子关系虽然比其他人际关系更亲密，但是也要建立在沟通的基础上。很多父母都觉得自己很了解孩子，其实不然，随着孩子渐渐长大，孩子已经不再是那个对你完全信任和依赖的小生命了，他们有了自己的眼界，也有自己的想法和观点，因而父母首先要尊重他们，才能打开他们的心扉，了解他们的心理，才能与他们更好地相处。父母很多时候不懂孩子，他们对孩子的懂都是建立在自己认为的基础上，在“卓越种子训练营”中我们设计了一个环节就是“我懂你，心连心”。这个环节的练习很感人，几乎很少有父母懂孩子，也很少有孩子懂父母，当他们彼此懂得时，孩子与家长都是无比地欣喜，透过父母与孩子彼此的懂，让孩子与父母的关系与潜意识中的印记被重塑。在奖励孩子时，父母的奖励方式是孩子愿意争取的，奖励必然能起到最大的效果，也让孩子彻底改变拖延的状态，对做事情充满了激情。

6.不要告诉孩子“完成事情就是最大的奖励”

在奖励孩子的过程中，很多父母都陷入一个误区，即总是告诉孩子，完成事情就是最大的奖励。这句话就是一句空话，理智的家长也许能参透这句话的意思，但是身心还处于发展阶段的孩子，往往对这句话感到很迷茫，也完全不能理解。的确，每个人做的都是自己的分内之事，孩子做的事情也是他们力所能及的，作为家庭的一员，孩子有什么理由要求得到奖励呢？从理性的角度分析，的确没有。但是从感性的角度分析，从孩子的身心特点出发，父母最好给予孩子实际的奖励，让孩子切实感受到自己的努力付出得到了父母的认可和肯定。

父母必须记住，奖励孩子的目的就是让他们鼓起更大的勇气，继续努力把事情做到最好。而如果父母的奖励对于孩子没有任何激励作用，那么奖励也就是毫无意义的。“完成事情就是最大的奖励”，实际上是一句空洞且毫无意义的话，别说是孩子了，就算是成年人得到这样的奖励也会觉得兴味索然。正是因为这句话的消极引导，不管是成年人还是孩子，在遇到自己不愿意做的事情时，才会磨磨蹭蹭，拖拉着不愿意继续做下去。

越是对于年纪小的孩子，越是要及时给予他们奖励，最好在刚刚完成事情时就奖励他们。当然，奖品未必要多么高大上，孩子心思单纯，就算父母只奖励给他们一个拥抱或者一个亲吻，甚至是一个小贴画，他们也会感到沾沾自喜、充满自豪。及时的奖励能够帮助孩子戒除拖延，从而让他们远离拖拉的坏习惯。例如在周五的下午，孩子们总是不愿意写作业，而要把作业留到周六、周日才写。有的孩子拖延成性，直到周日晚上才完成作业，也就是到了不能再拖的时候。如果父母为孩子制订规矩，要求孩子周五必须完成一半的作业才能玩游戏，周六必须完成所有的作业才能玩游戏，那么渐渐地，孩子就会养成及时完成作业的好习惯，父母自然也就从督促孩子写作业的苦差事中摆脱出来了。当然，前文说过，奖励不管是太大还是太小，都是不好的，如果单纯是父母喜欢的，也是不合适的。父母唯有与孩子一起商议和讨论，才能得知孩子喜欢得到怎样的奖励，也才能让那个奖励对孩子起到最大的激励作用。

每次考试取得好成绩，嘉豪都会兴冲冲地向妈妈汇报。妈妈觉得脸上有光，自然把嘉豪一通夸奖。然而，等到嘉豪问妈妈："妈妈，有没有什么奖励啊？"妈妈马上正色说："嘉豪，学习是你自己的事情，是你为了自己以后有好的生活和工作，所以不应该向妈妈要奖励哦！"几次三番之后，嘉豪对于考试就没有那么热情了。期末考试前，妈妈问嘉豪准备得怎么样了，嘉豪漫不经心地说："还行吧！"妈妈纳闷地说："咦，我感觉你不太积极啊！"嘉豪撇撇小嘴说："这有什么好积极的，又没有什么奖励。我们班同学考试考得还不如我呢，还得到奖励了，我觉得我就这样吧！"

听完嘉豪的话，妈妈才意识到：嘉豪还小，还不能明辨是非曲直，也不知道学习好是否应该得到奖励。如果孩子因为缺少奖励，导致对学习提不起兴趣，那可就得不偿失了。想到这里，妈妈说："嘉豪，妈妈还是那句话，学习是你自己的事情。咱们这个家里分工不同，爸爸妈妈负责挣钱养家，供养你读书，你就要负责认真学习，以后才能有好生活。不过鉴于你把自己的分内之事——学习完成得很好，妈妈可以奖励你一个变形金刚。"嘉豪一直以来都想要变形金刚，听到妈妈的话，他马上就开心地去复习了。

孩子还小，想不通所谓的理所应当，更不知道今日的努力对于未来人生的影响。父母要做的就是以适当的奖励激励孩子们保持热情和激情，从而戒除拖延，在人生中奋勇向前。父母需要注意的是，对孩子的奖励一定要适度，既不要没有任何奖励，也不要过分奖励孩子，以免导致孩子对奖励产生不切实际的幻想。人的欲望总是无限的，父母要有这个区分，如果父母没有区分，不能把握好奖励的度，孩子就会奢望得到更大的奖励，最终对父母索求无度，也失去了自身内在的驱动力，把驱动力托付在了外因，这可能导致孩子将来一事无成。

当然，对于孩子而言，奖励是最实在的，能够看得见、摸得着，因而对孩子的激励作用也最大。否则，哪怕父母说得天花乱坠，孩子也无法预见戒除拖延对自己未来的好处。所谓权宜之计，父母在孩子成长的过程中也恰恰要以“奖励”的方法卓有成效地激励孩子。不仅是激励，也是肯定与认可，这份肯定与认可，对孩子的心灵来说也是一种养分，等到孩子渐渐成长，最终拥有主动自发的力量，那么奖励的作用也就退位，孩子也才能积极主动地成长起来。

7.慎用金钱奖励，帮助孩子养成正确学习观

上文中，嘉豪妈妈虽然没有给嘉豪奖励，导致嘉豪的学习热情降低，但是她说的话是对的，学习是孩子自己的事情，关乎孩子的前途命运，要孩子自己对学习负责。然而，如今有很多土豪父母，平日里没有时间陪伴孩子成长，对孩子的学习更是漠不关心，唯有在孩子取得好成绩时，他们直接奖励大量金钱给孩子。最终，孩子不但没有养成学习的好习惯，反而还误以为自己是为父母学习的，导致对学习不用心，学习成绩也不理想。归根结底，这都是父母滥用金钱奖励孩子惹的祸。

每一位父母在对孩子选择的奖励方式涉及金钱时，一定要考量奖励的合理限度，从而避免因为不当的奖励方式给孩子带来负面的影响。正如人们常说的，“钱不是万能的，没有钱是万万不能的”。正因为金钱在生活中如此重要，所以父母对待孩子的奖励方式才要慎重。对于很多缺乏自控力

的孩子而言，钱多了，他们很容易误入歧途。而且在父母一次又一次的金钱奖励下，孩子们的胃口也越来越大，甚至对父母索求无度。这些，当然都是父母不愿意看到的。既然如此，在奖励孩子的时候，父母就要费心为孩子准备更好的礼物，而不要轻易动用金钱。金钱虽然是情谊的象征，但是也是无情的象征。和金钱相比，父母精心准备的礼物显然是更值得珍惜的，也更能让孩子感受到父母浓浓的爱与深情。

一直以来，小雅在学习上都很勤奋刻苦，也因此她的成绩在班级里处于中等偏上且稳步上升的水平。后来，小雅的爸爸妈妈离婚了，小雅和妈妈一起生活。每次去爸爸家里，爸爸问起小雅的成绩，总是给小雅几千元钱作为奖励。渐渐地，小雅开始迷恋穿漂亮的衣服，买贵重的化妆品，才上初一就早恋了。有段时间，爸爸听说小雅学习成绩下滑得厉害，因而在小雅再次去他家里时，他对小雅说："小雅，你最近学习上是怎么回事，这可不是我女儿该有的水平啊！"小雅不以为然地告诉爸爸："我是为了你才好好学习的。要不是为了你们，我都不想读书了，太累了，我要过来和你一起做生意。"听到女儿的话，爸爸大吃一惊："那可不行，如今这个时代，没有文化的人注定要被淘汰。爸爸还指望着你出人头地，将来接管爸爸的企业呢！"小雅两手一伸："好啊，想让我努力，先给我钱。"爸爸无奈地看着小雅，不知道该说些什么。

一开始，小雅是因为热爱学习，所以在学习上勤奋刻苦。然而，爸爸总是以金钱奖励小雅，以至于小雅慢慢地把注意力转移到金钱上了，把金钱与学习画上了等号。渐渐地，小雅不但变得越来越讲究吃喝，反而还把学习当成是为了父母，失去了内驱力，难道金钱能够支撑着小雅继续在艰难的求学之路上坚持下去吗？显然不能。在我们"爱在我家"的"孩子梦想管理训练营”中，对孩子的习惯培养是一个体系的思考与动作，从孩子内在身份“我是谁”开始，基于这个身份，孩子的理想、基于理想阶段性目标、基于这个目标的行为规范、基于规范做到对孩子的行为与结果激励、认可，这样构建孩子的内在驱动与心理营养，达到实现孩子的内驱力与行为习惯的一致性推动，这样构建的神经链接效应形成的内驱力与习惯，使孩子能始终勤奋学习、认真刻苦，最终让自己有所成就。

金钱是一把双刃剑，既能帮人，也能伤人。孩子与父母之间是至亲关系，父母不管奖励孩子什么，都值得孩子感恩。既然如此，父母就不要用金钱让亲子关系变得生疏，而要用心地维护与孩子之间的感情，避免孩子陷入对金钱的欲望中无法自拔，最终形成错误的行为习惯——当父母没有用金钱激励孩子时，孩子就动力全无。此外，如果亲子关系中总是用金钱来量化，那么也会让感情变得冷漠，使得亲子关系越来越薄弱。任何情况下，发自内在的力量都是最强大和可靠的，父母要不断激发起孩子的斗志，而不要总是让孩子被动地面对人生。

8.为孩子的小小进步喝彩

孩子因为受到自身身心发展的局限，所以对于自己往往缺乏正确的认知，更无法客观中肯地评价自己。在这种情况下，父母哪怕是漫不经心的评价，都会被孩子采纳，从而成为他们对于自己的认知和评价。可想而知，父母如果是一个喜欢批评和否定孩子的人，孩子将会多么苦恼。相反，假如父母能够经常认可和表扬孩子，那么孩子对于自己的期望也就会越来越高。这是因为和批评与否定相比，认可和赞赏更能激发出孩子的主动性，也让孩子变得越来越充满自信。

很多父母都误以为孩子小，没有那么细腻的心思和感知能力。殊不知，孩子的心是非常敏感而脆弱的，他们在乎父母的鼓励，也因为父母的否定耿耿于怀。遗憾的是，很多父母在言辞上都存在糟糕的习惯，即他们早已经习惯了不分青红皂白地否定孩子，似乎他们的眼睛只能看到孩子的缺点，而丝毫看不到孩子的优点。所谓金无足赤，人无完人。每个孩子都既有缺点，又有优点，所以父母看待孩子也不能片面，而要认识到孩子的优点和长处，对于孩子的缺点和不足，也要想方设法以最合理的方式表达出来。

很多时候，同样的意思以不同的方式表达出来，给人带来的感受是完全不同的。例如孩子行动很慢，如今终于有了一点进步，妈妈说："哎呀，你终于比蜗牛快点儿了，你知道你以前比蜗牛还慢吗？"这样的话使孩子感到很沮丧，因为他已经非常努力了，也只是比蜗牛快点儿而已。换一种方式表达，妈妈说："宝贝，你真棒，你现在比以前快多了，这都是你努力的结果。如果你继续努力，我相信你还会更上一层楼的。"这句话不但表达了对孩子的认可，而且对孩子给予厚望，孩子自然更加充满信心，也力争达到父母的预期。为了强化对孩子的激励作用，父母除了口头奖励之外，也可以给予孩子一些物质上的奖励，让孩子感受到父母切实的认可和赞许。这样一来，孩子在做同样的事情时，一定会有意识地提升自己的速度，让自己做得又快又好，也更加符合父母的预期。

梦言每次写作业都磨磨蹭蹭的，其他同学只要花两个小时就能写完的作业，她写了三个半小时还没写完。对此，妈妈感到非常苦恼，不知道怎么做才能提升梦言写作业的速度。

有段时间，妈妈为了帮助梦言加快写作业的速度，特意邀请了梦言的同班同学来家里一起开展作业比赛。为了起到激励作用，妈妈还买了一些小礼物，奖励给写作业第一名的孩子。刚开始几次，梦言都没有得到奖状，看着自己的妈妈颁奖给其他同学，她觉得脸上无光，因而第二天再写作业的时候，她不停地告诉自己要迅速。果然，梦言在写作业速度的排名上越来越靠前，一个星期之后，她终于如愿以偿成为第一名。比赛结束后，同学们都走了，妈妈这才对兴奋的梦言说："梦言，现在知道妈妈为什么要开展比赛了吗？"梦言点点头，说："我的速度变快了。"妈妈笑了，说："以前妈妈催促你快点儿写，你总说自己已经尽力了。妈妈只是想告诉你，对于有目标的人来说，进步是永无止境的。只要你继续努力，你还可以继续提升自己的速度，做到更好。"梦言重重地点点头，意识到妈妈的用心良苦。

为了刺激梦言提升写作业的速度，妈妈不惜在家里进行写作业比赛，也让梦言了解到其他同学都用了多久完成作业。这样一来，梦言写作业速度自然得以提高，她也理解了妈妈的良苦用心。在梦言有了进步之后，妈妈不仅当着其他同学的面表扬梦言，而且还在同学们都离开之后，继续给梦言加油鼓劲。

很多时候，父母对于孩子的要求过高，在孩子有了小小的进步后，他们并不会及时表扬孩子。这就像是马拉松比赛一样，如果他们总是把目标定位在遥远的赛程终点，那么他们也许才跑了很短的时间，就无法继续坚持下去了。日本曾经有个马拉松选手两次赢得马拉松比赛的冠军，就是因为他在比赛前就把整个赛道分解成很多小的目标，然后督促自己一个目标一个目标地冲过去，最终轻轻松松就以最快的速度跑完了马拉松全程。假如父母对于孩子的表扬也在遥远的目标实现之后，那么孩子往往很难坚持下去。尤其是孩子要想改掉拖延的坏习惯，这需要漫长的过程，这种情况下父母应该帮助孩子把过程进行划分，从而在孩子每完成一个小阶段的目标后就及时、积极地鼓励孩子，这样孩子当然会更加充满信心，也以强大的力量继续坚持下去，直达目标。

第九章
培养孩子的时间观念，让孩子成为人生主宰

时间是组成生命的材料，大文豪鲁迅先生曾经说，浪费别人的时间等于谋财害命。那么，浪费自己的时间呢？轻则导致效率降低，重则导致人生一事无成。尤其是孩子正处于身心快速成长的关键时期，唯有形成时间观念，把握时间，孩子才能成为人生的主宰，掌控自己的命运。

1. 让孩子感知时间，形成时间观念

常言道：一寸光阴一寸金，寸金难买寸光阴。现实生活中，虽然很多人知道时间珍贵，每个人都应该珍惜时间，然而，大多数人在时间的悄然流逝中依然无知无觉，直到生命一去不复返，他们才意识到时间的可贵，却为之晚矣。生命对于每个人都是公平的，没有人知道人生的长短，珍惜时间的人却能够把握生命的宽度，从而把人生经营得风生水起。曾经有心理学家经过研究发现：每个人先天的条件其实差不多，之所以在成长过程命运迥异，成就截然不同，就是因为他们后天的努力程度不同。这一点很好理解，仅以珍惜时间为例，珍惜时间的人就相当于拓宽了生命，从而让人生效率倍增。相反，有的人对于时间总是无知无觉，任由时间悄然流逝，那么他们的一生也就缩短为半生，做事情效率大打折扣。由此可见，珍惜时间对于孩子的成长非常重要，父母要想让孩子拥有充实的人生，也不再拖延下去，首先要帮助孩子形成时间观念，要让孩子感知时间。这样，孩子才能珍惜点点滴滴的时间，也拓宽和丰盈自己的人生。

古今中外，很多名人取得了伟大的成就，能够青史留名，就是因为他们非常珍惜时间。当然，珍惜时间的品质并非是与生俱来的，也不是朝夕之间就能形成的。他们之中大多数人从小就珍惜时间，最终才能养成惜时如金的好习惯，成就人生。在此过程中，良好的家庭环境和父母的言传身教，对于孩子的成长起到了积极的正面影响。

10 岁生日的前一天晚上，贝耶尔（德国有机化学家、诺贝尔奖获得者）兴奋得根本睡不着，他不停地幻想着爸爸妈妈将会为他举行一次生日宴会，还会送给他一份惊喜大礼。然而，次日清晨起床之后，贝耶尔发现家里一如往常，没有任何改变。爸爸一起床就匆忙吃了早饭，然后开始埋头学习。至于妈妈，为了不打扰爸爸学习，则带着贝耶尔去外婆家里度过了一整天，直到天黑才带着贝耶尔回家。看到自己的生日就这样悄无声息地过去了，既没有任何庆祝，也没有任何礼物，贝耶尔觉得很失望，情不自禁地噘起小嘴巴。妈妈觉察到贝耶尔郁郁寡欢的情绪，因而对贝耶尔说："孩子，你爸爸曾经没有机会接受好的教育，所以他虽然已经是大人了，却还要和你一样努力学习，参加考试。爸爸明天就要去考场了，这次考试对于他而言非常重要。妈妈觉得，不能为了给你庆祝生日就影响爸爸的考试，因为只有爸爸通过考试，咱们家以后的日子才会越过越好。你也要向爸爸学习，要努力学习，更要珍惜时间，因为你还小，可以在小时候就学习文化知识，这是多么幸福的事情啊！"

听了妈妈的话，贝耶尔感受很深。从此之后，他更加深刻理解了"一寸光阴一寸金"的道理，也更加珍惜时间，坚持努力学习。多年以后，每当提起 10 岁生日，贝耶尔还觉得自己收到了人生中最重要的礼物，那就是更加珍惜时间、珍惜生命。

小小年纪的贝耶尔当然盼望着收到生日礼物，在发现爸爸妈妈并没有准备庆祝活动和礼物时，他未免感到失望、伤心。妈妈看出他的失落，因而给他讲道理，使他认识到爸爸的勤奋刻苦以及努力。显然，贝耶尔乖巧懂事，在妈妈的劝说下，他非但不再生爸爸的气，反而理解爸爸，自己也更加珍惜时间。正是因为如此，贝耶尔才会在长期的努力下，最终获得诺贝尔奖。人生是漫长的，也是短暂的，尤其充实的人生，更觉得短暂。孩子正处于身心发展的时期，学习能力也很强，父母一定要引导孩子珍惜时间，这样孩子才能戒除拖延，拥有卓尔不凡的成就。在成长阶段，孩子最主要的任务就是学习。为了帮助孩子更好地珍惜时间，父母可以根据孩子的实际情况，有针对性地协助孩子制订学习规划，也帮助孩子争分夺秒地认真学习，从而真正做到珍惜时间。当然，父母在教育孩子的过程中不能一味说教，而要以身示范，给孩子树立榜样，这样做比空洞的说教孩子效果更好。此外，还要尊重孩子的生物钟，从孩子自身情况出发，合理安排学习。

很多孩子不珍惜时间，最明显的表现就是他们总是无限期拖延，对于任何事情都不能做到积极主动。当然，这背后隐藏的原因很多，父母唯有给予孩子更多的理解和尊重，不要把孩子逼得太紧，孩子才会主动珍惜时间。

当然，孩子不是机器人，不可能一天 24 小时学习，父母哪怕再怎么望子成龙、望女成凤，也不要总是逼迫孩子一刻不停地学习。唯有给孩子放空自己的时间，孩子才能在得到合理休息后，更加积极主动地学习。切记，对于孩子而言，时间就是美好的未来，唯有把握时间，才能创造美好未来。

2.借力游戏，让孩子知道时间的珍贵

很多孩子都知道珍惜时间的名言警句，但是要做到珍惜时间，对他们而言还有非常遥远的距离。这就是说与做之间的距离，也是鸿沟与天堑的距离。尤其是很多孩子本身就有拖延的坏习惯，再遇到他们不想做的事情，那么他们更容易无限拖延下去，根本没有意识到时间的珍贵。要想让孩子珍惜时间，首先要让孩子形成时间的概念，让孩子切身感受到时间的流逝，这样他才会主动自发地珍惜一分一秒，也意识到人生短暂如同白驹过隙。

很多父母都觉得孩子还小，因而并不急于对孩子进行任何教育。实际上苏联著名的教育家马卡连柯曾经说过，对于孩子而言，在出生之后的前几天能否接受教育特别重要，他甚至主张孩子 5 岁以前就奠定了教育的基础。由此可见，学龄前的儿童需要接受适度的教育，尤其是在培养时间观念方面，父母更要抓住孩子 5 岁之前的关键时期，帮助孩子奠定良好的教育基础，让孩子健康茁壮地成长。

大多数人对于教育的理解都太过狭隘，总觉得所谓教育就是向孩子灌输知识，实际上这只是对于学习的理解，而真正的教育是引导孩子养成良好的学习习惯，从而让孩子健康成长。然而，一切良好习惯形成的基础，都要求孩子必须具备时间观念。细心的父母会发现，很多孩子对于时间的感知都很迟钝，他们几乎没有时间观念，也因此他们才会对时间的流逝毫无察觉。

现实生活中，越是年纪小的孩子，生活越是无忧无虑。他们在父母无微不至的照顾下，每天就是吃喝玩乐，根本不为任何事情发愁，也总是随性任性，对于生活很少有规划。直到进入幼儿园，孩子们才渐渐意识到迟到了会被老师批评，因而形成初步的时间观念。等到了小学，每节课都严格按照时间进行，迟到更是要坚决杜绝，在此过程中孩子的时间观念也越来越强。那么，作为父母，如何才能尽早培养孩子的时间观念，让孩子更珍惜时间呢？说教显然不起作用，既然大多数孩子都喜欢游戏，那么父母不如借助于游戏的机会，让孩子对时间形成概念，也渐渐地学会珍惜时间。所谓寓教于乐，这样孩子才会在潜移默化中得到教育，也变得越来越珍惜时间，远离拖延。

自从开始上幼儿园后，妞妞拖延症的症状就越来越明显了。一开始，妈妈只是隐隐约约觉得妞妞慢吞吞的，没有想到妞妞原来是拖延症。这不，开学一个月，除了前几天因为抗拒去幼儿园哭泣不止之外，妞妞几乎每天都迟到。

早晨起床，妈妈大声对妞妞说："妞妞，5分钟之内洗完脸，刷完牙，然后去幼儿园吃早饭。"然而，都15分钟过去了，妞妞还在房间里磨磨蹭蹭，没有走到洗漱间呢。妈妈气得七窍生烟，再次对妞妞重申。这时，妞妞一脸无辜地看着妈妈，问："妈妈，5分钟是什么意思啊？"妈妈这才恍然大悟，原来妞妞并非故意拖延，而是她不理解时间的含义啊。当天下午从幼儿园回来，妈妈和妞妞一起做游戏。妞妞正玩得高兴呢，妈妈又说："妞妞，再玩5分钟，妈妈就要做饭了。"妞妞还是一脸懵懂地看着妈妈，妈妈拿出提前准备好的小闹钟，指给扭扭看："你看，这个长针走过这个格子，就是5分钟。"妞妞似懂非懂，不过做游戏的时候她时不时地就去看看闹钟。当长针挪动一下，她就惊喜地告诉妈妈："妈妈，动了，动了，长针真的动了。”看到妞妞如此兴奋的样子，妈妈暗暗责怪自己没有早些给妞妞灌输时间的观念。等到时针过了一格，妞妞非但没有缠着妈妈，反而主动提出让妈妈去做饭。

后来，每次做游戏的时间，妈妈都会自然而然地给妞妞提起区分5分钟或者10分钟的概念，渐渐地，妞妞大概知道5分钟、10分钟的长短了。当妈妈再次提醒她要在一定时间内完成某件事情时，她的配合度就高了很多，也不再拖延了。

很多父母都和事例中的妈妈一样，觉得孩子是在无故拖延，他们也因此而对孩子抱怨不已。其实，很多时候孩子并非故意拖延，而是因为他们对于时间没有概念，也没有相对准确地感知，所以他们才会“拖延”。要想改变孩子浪费时间的现状，父母首先要寓教于乐，在游戏的过程中引导孩子了解时间、感知时间，渐渐地，孩子就会越来越珍惜时间，也能够戒除拖延。

直到小学阶段，孩子们才会真正接触时间的观念。所以，对于小学阶段以前的孩子，父母只要大概引导他们认识和了解时间，初步形成时间观念即可。很多时候我在“智见父母赋能对话”的父母课程中会强调：父母没有概念植入、没有训练、没有约定不可以要求与处罚孩子。聚焦刻意的练习对孩子来说非常重要。尤其是学龄前的孩子，实际上每天除了吃喝拉撒睡，就是玩耍，那么父母更要抓住玩的时间或者借助于游戏的机会，慢慢向孩子植入时间观念，也帮助孩子学会建立时间观念，并渗透珍惜时间的观念。当孩子戒除拖延，对于孩子未来进入幼儿园以及正式成为学生之后的学习生活，都是有很大好处的。只有当孩子真正意识到时间是组成生命的材料，也意识到时间的长度以及时间是一去不复返的，孩子们才能更爱惜时间，也才能真正珍惜时间。

3.小小时间表，让孩子争分夺秒

再自觉的孩子，也有因为疲劳或者厌倦而拖延的时候，这种情况下，主动性显然已经无法对孩子形成约束力，唯有借助于外界的力量，孩子们才能约束自己，争分夺秒地完成该做的事情。其实，孩子拖延完全是正常现象，也是他们的本能反应，别说孩子，就算是成年人在日常的生活和工作中也常常觉得疲惫不堪。这种情况下，纪律和约束就显得尤为重要。当然，孩子的生活不像成年人那么无奈，孩子享受更多的自由和随性，因而约束孩子的方式也必须慎重选择，才能让孩子更加遵守时间，戒除拖延。

提起时间表，很多父母也许会想起自己小时候曾经无数次制订时间表的经历，也未免回忆起自己曾经无数次制订时间表，又撕掉时间表，或者把时间表完全抛诸脑后。这正应了那句话，有志者立长志，无志者常立志。能够遵守时间表的人，哪怕只制订一次时间表，也能够起到长期的作用；而不能遵守时间表的人，就算天天制订时间表，也只不过是在重复制作时间表和废弃时间表的过程。即便如此，时间表也绝非毫无意义的形式，当父母督促孩子按照时间表来安排时间、执行生活琐事时，渐渐地孩子就会养成遵守时间、珍惜时间的好习惯，也会渐渐远离拖延。当然，父母千万不要奢望孩子能主动遵守时间，归根结底，孩子的自制力还很差，也不够理性，而且他们的注意力很容易转移，所以让他们主动遵守时间表简直难于登天。唯有父母督促孩子，亲身示范，为孩子树立好榜样，孩子才能坚持遵守时间，渐渐地养成好习惯。

进入幼儿园之前的孩子，很难制订时间表，孩子完全在家里生活，得到父母和爷爷奶奶、姥姥姥爷的疼爱与照顾，因而时间安排上相对随意随性。进入幼儿园之后，虽然幼儿园里并不会学习太多的知识，但是作息时间非常严格且有规律。这种情况下，父母在家里也应该为孩子制订时间表，从而保证孩子有充足的睡眠，次日能够按时起床去上幼儿园。当然，随着孩子的年龄不断地增长，时间表也应该根据孩子的作息情况及时调整。

很多父母在为孩子制订时间表时都有一个误区，即恨不得以一个表格就面面俱到，让孩子成为生活规律的“小大人儿”，如同军营里的新兵一样按时吃饭、睡觉，绝对遵守时间表。这样想的父母一定忘记了一个道理，即孩子不是机器人，更不是军人，他们只是缺乏自制力的小生命，所以父母制订的时间表无须面面俱到、事无巨细，而只需要把握生活中最重要的几个方面。这点非常重要，也是很多父母忽略的，父母要循序渐进地帮助孩子养成好习惯即可。

和执行时间表相比，制订时间表显然是很容易的。当遭到孩子的反抗和排斥时，当孩子到了洗漱睡觉的时间却可怜兮兮地恳请你批准他再看几分钟电视时，父母难免会一时心软。很多父母都觉得孩子再看 10 分钟电视也没关系，并不影响孩子的睡眠，殊不知，这不是 10 分钟的问题，而是孩子的习惯养成问题，绝不能随意妥协。温柔而坚持的爸爸妈妈更容易培养出孩子的良好习惯。那么，在父母的坚持下，如果孩子突然被激怒了，又该怎么办呢？这种情况极有可能发生，常言道：孩子的脸，六月的天，说变就变。对于如何安抚孩子的情绪，父母一定要有爱而又坚持立场地对待孩子，依据不同的场景，需要针对性地安抚孩子的情绪，才能让孩子配合执行时间表，并养成时间管理与计划的习惯。另外，从根本上来说，父母更要尊重孩子的作息规律，制订符合孩子生物钟的时间表，并结合孩子的兴趣、关注点以及孩子参与的方式，只有这样孩子才更愿意配合。

每天晚上入睡时间，都成为家里爆发大战的时刻。即使妈妈一遍又一遍地提醒催促，月月总是赖在沙发上，不愿意挪动屁股，更不愿意去洗漱睡觉。对此，妈妈觉得头疼不已，甚至连跳楼的心都有了。

自从月月上了小学一年级，这种情况就时而发生。在月月读三年级之后，因为每天晚上的作业多了，所以情况加剧了，争吵的频率也越来越高。思来想去，妈妈决定不能再这么吵下去，因而向其他的家长取经。听到一个家长说起可以制订时间表之后，妈妈不由得脑海中灵光一闪：制订时间表，如果孩子能够遵守，那就再也不用吵架啦！妈妈说干就干，当天晚上就和月月进行了深谈，也在取得月月同意的情况下开始制订时间表。时间表制订好之后，第一天执行就遭到月月的抵触。到了洗漱的时间，月月正在聚精会神地看电视呢，根本不愿意配合。妈妈当即关掉电视，要求月月遵守时间去洗漱，月月大哭起来，指责妈妈太狠心了，就还有5分钟结束的电视节目也不能通融她看完。这个时候，在一边的爷爷奶奶心疼孙女，纷纷为月月说情，妈妈很清楚这就像是一个豁口，绝不能打开，为此妈妈坚定不移地说："谁说情也没有用，以后必须严格按照时间表来执行。"第一次执行时间表，妈妈就断绝了月月通融的念头，也制止了爷爷奶奶为月月求情，果然，以后的执行就变得容易多了。

严格执行时间表，对于孩子而言一开始的确很难。然而，只严格执行时间表还是远远不够的，父母还应该了解孩子的生活习性，从而根据孩子的实际情况对时间表进行调整。只有这样，才能让时间表符合孩子的生理规律，从而有助于孩子的身心健康成长。很多时候，孩子不愿意执行时间表也是有原因的。如事例中的月月是因为电视还剩下5分钟时间结束。那么早晨起不来床的孩子，则很有可能因为头一天睡得太晚或者冬天的天气太冷，使他们不愿意钻出温暖的被窝。这种情况下，父母要根据实际情况有的放矢地解决问题，而不要一味强迫孩子或者向孩子妥协。例如可以打开空调，让孩子不觉得起床的寒冷。再如，也可以播放轻柔舒缓的音乐，让孩子起床时拥有好心情，这些办法都值得父母借鉴。

当催促也无法让孩子遵守时间表时，适当的惩罚也许比父母说一百句效果更好。例如，如果孩子赖床，每天早晨都需要父母不停地催促，那么有一天父母可以不催促孩子，就让孩子那么睡下去，直到孩子自己意识到迟到了再起床。这种情况下，孩子必然遭到老师的批评，也会觉得颜面全无，那么下次他自然不会再迟到了。如果担心不能起到预期的效果，父母还可以事先告诉老师情况，这样老师配合，相信教育孩子的效果会更好。总而言之，好习惯的养成需要漫长的过程，父母一定要有耐心，才能帮助孩子戒除拖延，形成遵守时间表的好习惯。

4. 限定绝对时间，让孩子在规定时间内完成某事

很多孩子都有三心二意的坏习惯，比如一边吃着饭，一边看着动画片；一边写作业，却时不时地看看课外书。这么做的结果必然如同小猫钓鱼一样，根本不可能把眼前的事情做好。前文曾经说过，对于孩子而言，专注是很重要的。同样的道理，只有专注还是不够的，在这个讲求效率的时代，还要让孩子学会提升效率。很多孩子都会犯磨蹭的毛病，实际上，这是长期在生活中不断拖延导致的。假如父母能够在孩子做某件事情的时候规定时间，要求孩子在限定的绝对时间内保质保量地完成工作，那么孩子渐渐地就会既追求质量，又追求速度，从而把事情做到最好。

需要注意的是，很多孩子都还无法合理安排时间和区分事情的轻重缓急，他们总想在同一时间里做更多的事情。殊不知，他们越是注意力不集中，越是无法把事情做到更好。毕竟人的时间和精力是有限的，唯有集中精力做好一件事情，才能更加出彩。为了帮助孩子在某段时间内做好一件事情，父母也可以制订时间表。除了给孩子留下自由的时间之外，孩子们可以按照时间表完成某事，在取得成就之后，他们必然觉得很有成就感，也会继续努力。

给孩子限定绝对时间，让孩子在规定的时间里完成一件事情，不但有助于提升孩子做事情的质量和速度，而且也能够有效帮助孩子戒除拖延，防止孩子形成敷衍了事的坏习惯。从本质上来说，敷衍了事也是孩子拖延

症的表现之一，唯有了解孩子的拖延心理，父母才能解开孩子的心结，帮助孩子戒除拖延，积极勇敢地面对人生。

大多数孩子之所以拖延，都表现在他们不得不做的事情上。如果他们能直接拒绝不想做的事情，那么他们可以选择拒绝。偏偏有很多事情是他们无法拒绝的，例如，父母或者老师安排的事情、学习活动或者作业，他们不能直截了当地拒绝，又没有兴趣立即去做，就只能采取消极的方式拖延，那就是敷衍了事。在这种情况下，有的孩子虽然完成了作业，但是态度一点儿都不认真，书写也很潦草，必然导致正确率下降，老师对作业也不满意。有的孩子面对父母安排的任务，尽管迫于无奈完成了，却在付出时间和精力的情况下，毫无收获。试想一下，如果孩子们能够在某一时段内集中精力做好一件事情，那么，哪怕事情再小，他们也是有收获的。而敷衍，恰恰是在浪费时间和生命，所以父母在想方设法帮助孩子戒除拖延的同时，更要知道孩子拖延的根本原因，从而及时反省自己，不要不分青红皂白就逼迫孩子做他们讨厌的事情。

当然，在限定的绝对时间内做好一件事情，并非是与生俱来的本领。相反，很多孩子在成长的过程中，渐渐养成了做事情三心二意的坏习惯。举例而言，很多孩子吃饭时表现不好，不是挑食，就是吃饭不认真。见此情形，溺爱孩子的爷爷奶奶或者爸爸妈妈，总是端起碗来追着四处玩耍的孩子喂，导致孩子一顿饭吃半个小时或者一个小时，吃饭也必然越来越不专心。即使这样，孩子也没有吃饱饭，才过了饭点不久就叫饿，这样一来父母和长辈又得给他们零食吃，使得他们下一顿饭也因为不太饿吃不好。其实，对于孩子挑食或者吃饭不认真的问题，父母应该给孩子订立规矩，告诉孩子在吃饭的时候就好好吃饭，一旦过了饭点，就不能吃零食。这样一来，孩子挨几顿饿，却能够真切意识到吃饭的重要性，也不会在吃饭时边吃边玩了。渐渐地，孩子不但吃得好，身体强壮，也会养成好习惯，避免吃饭拖延。尤其是在幼儿园或者小学，孩子吃饭的时候专心致志，吃饱了饭再做其他的事情，老师也会觉得特别省心。从这个角度而言，限定绝对时间，督促孩子专心致志地完成某件事情，是帮助孩子戒除拖延的有效方法。

其实，孩子的好习惯都是在点滴小事中逐渐养成的。父母绝不要认为教养孩子是简单的事情，唯有坚持对孩子用心、细心和耐心，父母才能引导孩子养成良好的行为习惯，从而具备更优秀的品质。

5.帮助孩子形成心理时间

孩子如果对着闹钟观察 5 分钟的时间到底有多久，往往不会出错，但是如果在没有闹钟的情况下，孩子要如何才能判断 5 分钟时间大概是多久呢？很多孩子并非故意拖延，而是因为对 5 分钟的时间没有概念，所以无形中就拖延了。为了帮助孩子遵守时间，父母可以帮助孩子形成心理时间，这样一来孩子在没有闹钟的情况下，也能对时间有大概的感知，拖延的可能性自然大大降低。

细心的朋友们在生活中都有这样的感触，即在做自己喜欢的事情时，时间总是不知不觉就过去了，他们甚至觉得时间过去得太快了。然而在做自己讨厌的事情时，时间总是过得特别慢，一分一秒都是煎熬，甚至觉得度日如年。这就是人对于时间的体验，因为主观感受的不同，导致出现巨大的差异。古今中外，有很多名人都有着不同寻常的经历，普通人在了解他们的事迹之后都觉得很奇怪，甚至觉得他们有着得天独厚的条件，不费吹灰之力就能完成伟大的事业。实际上，台上一分钟，台下十年功，很多科学家付出的努力远远不止十年。例如，诺贝尔为了进行科学研究，实验室发生爆炸事件，他的助手和弟弟都因此失去生命。再如，发明大王爱迪生，只为了寻找到合适的灯丝材料，就尝试了一千多种材质，更是进行了七千多次实验。他失败的次数太多，就连助手都感到无望时，他却安慰助手至少每一次失败都告诉他们哪种材料不能作为灯丝使用。正是因为对于科学事业的热爱，才让这些伟大的科学家乐此不疲地进行科学实验，哪怕失败了也坚持不懈地努力着。他们的成功并非轻而易举，至少他们对于科学研究的执着热爱，使得他们忽略了失败的时间和次数，因而得以做到再接再厉、不遗余力地进行科学研究和实验。

孩子也是如此，对于自己喜欢的事情，他们充满兴趣，哪怕失败了也决不气馁；而对于自己不喜欢的事情，他们非常嫌恶，哪怕有所成就也依然沮丧拖延。父母要想激励孩子做某件事情，首先要激发起孩子的兴趣，从而帮助孩子形成心理时间，让孩子对于事情感兴趣，他们自然就不会再拖延，也有足够的耐心坚持做下去。

人们常说，兴趣是最好的老师，从本质上来讲，兴趣也能提升孩子们做事情的效率，甚至关系到事情能否取得成功。最简单的道理就是，孩子们做自己感兴趣的事情的时候总是兴致盎然，也更容易获得成功。因而不管是对于成年人而言，还是对于孩子而言，要想把事情做好，就要培养兴趣，缩短心理时间，数十年如一日地努力。当坚持和努力成为习惯，我们还会害怕孩子们不能有所成就吗？

姬菲从5岁开始学习拉丁舞，最初是因为兴趣，后来学习实在太苦了，她渐渐地开始动摇，不想坚持学下去了。妈妈知道姬菲在拉丁舞方面很有天赋，因而一直鼓励娅菲坚持。有段时间，眼看着娅菲就要放弃了，妈妈带着娅菲去观看拉丁舞表演，让娅菲感受舞台的魅力。果不其然，爱美丽又爱得到他人瞩目的娅菲，看到舞台上拉丁舞者娴熟的身姿，不由得大为惊讶。她暗暗告诉自己：有朝一日，我也要和他们一样！就这样，娅菲坚持下来了！

如今，娅菲已经11岁了，学习拉丁舞整整6年。近年来，她在拉丁舞表演上日益精进，参加了大大小小很多场比赛，也取得了小小的成就。但是娅菲知道，未来的道路还很长，她必须更加努力，才能在拉丁舞这条道路上走得更长远。

从5岁到11岁，原本很多孩子都在快乐地玩耍，但是娅菲坚持利用课余时间学习拉丁舞。也因为对于拉丁舞发自内心的热爱，所以她虽然觉得很苦很累，也还是义无反顾地坚持下来了。这就是兴趣的魅力，兴趣让娅菲六年如一日，不以为苦。

当孩子觉得心理时间漫长而又难熬时，往往意味着孩子对于正在做的事情缺乏兴趣，所以没有毅力继续坚持。在这种情况下，孩子必然出现拖延症状，也恨不得马上就结束讨厌的事情。父母不要强迫孩子，所谓“强扭的瓜不甜”，哪怕父母强迫孩子学习，孩子也会因为三心二意导致效率低下。明智的父母会激发起孩子的兴趣，让孩子在兴趣的激励下缩短心理时间，也变得更加兴致盎然。

除了兴趣这个关键的影响因素之外，把握时间对于孩子的学习和生活的方方面面都有很大的影响。前文说过，孩子是有内心节奏的，偏偏很多父母都是急脾气，恨不得让孩子长出翅膀直接飞到人生的顶点。殊不知，孩子心中的节奏和父母的节奏是完全不同的，这也可以解释为何很多时候父母越是催促，孩子反而越是不知所措，变得更慢、更拖延的原因。明智的父母会尊重孩子的节奏，做到不急不躁地教养孩子，这样才能使孩子更加从容地成长，也渐渐地改掉拖延的坏习惯。

6.守时守信，孩子才能处处受到欢迎

人是群居动物，每个人都是社会上不可或缺的一员。孩子从走出家门、进入幼儿园的那一刻，也相当于正式步入社会，从此之后他需要面对的不仅仅是家人，也有老师和同学。既然成为社会一员，那么对于孩子而言人际关系也被提升到前所未有的高度，需要孩子慎重对待，用心经营。其实，人与人相处有几个基本原则，如相互尊重、平等对待等，只要坚持好这几个原则，人际关系就不会太差。守时守信，恰恰是孩子尊重他人也赢得他人尊重的必备前提。

每个人都不愿意等待，尤其是在约好的时间下，焦急的等待更是使人抓狂。孩子们要想处理好人际关系、赢得他人的尊重，首先要以守时守信表达对他人的尊重。无数事实告诉我们，在人际交往中，守时守信的孩子更受人欢迎，也能够得到他人的尊重、获得社交上的成功。然而，很多孩子都缺乏时间观念，对于时间的流逝也没有明确的感知，如何才能培养他们守时守信的好习惯呢？

首先，父母要培养孩子的时间观念。所谓守时守信，就是在约定的时间内完成自己承诺的事情。如果孩子对于时间毫无概念，甚至对时间的流逝无知无觉，那么他们怎么可能在约定的时间里把事情做好呢？所以，要想让孩子守时守信，帮助孩子形成时间观念，培养孩子珍惜时间的好习惯

是至关重要的。

其次，千里之行，始于足下。再优秀的品质，也要从点点滴滴的小事做起。在帮助孩子养成守时守信的好习惯时，父母要以身作则，给孩子起到好的榜样和示范作用。其实，孩子是父母的镜子，孩子的很多好习惯和优秀品质，都是从父母那里学到的。为了让孩子具备好品质，形成好习惯，年轻的夫妻一旦成为父母，就要约束自己的言行。父母在教孩子守时守信之前，一定要自己先做到守时守信，否则父母对孩子的管教就会无力，在遭到孩子质疑的时候，也会哑口无言。尤其需要注意的是，要想做到守时守信，还要在自己的嘴巴上把关，有些人在答应别人的请求时总是不假思索，看起来待人积极热情，实际上给自己守时守信带来了极大的困难。所谓言必行，行必果。唯有先把好嘴巴这一关，不轻易承诺，才能对自己说出去的话负责任。

最后，前文说过，要想帮助孩子戒除拖延形成好的品质，父母除了要引导和管教孩子之外，还要及时巩固对孩子的教育成果。赞赏孩子或者奖励孩子，这些对于孩子而言都能够起到激励作用。同样当孩子守时，父母需要即刻肯定。这个守时，不仅体现在学习、玩游戏上，更体现在生活的很多方面。父母与孩子构建时间意识，并留意孩子做到的肯定，这样在孩子的意识中构建时间概念与守时的被肯定。同时，作为父母，必须告诉孩子，守时守信是建立良好人际关系的基础，也是人与人之间表达尊重和平等关系的方式之一。当然，任何好的行为习惯都不是朝夕之间形成的。为了帮助孩子遵守时间、信守承诺，父母必须从孩子小的时候，就耐心细致地引导孩子。教育，从来不是一蹴而就的。父母唯有在教育孩子的过程中用心，付出真心和耐心，对孩子的教育才会事半功倍。

从本质上来说，拖延其实是人类的共性，对于缺乏自制力的孩子而言，拖延表现得更加明显。为了帮助孩子戒除拖延，也为了让孩子拥有良好的人际关系，父母必须帮助孩子树立时间观念，让孩子不管什么时候都遵守约定，表达出对他人的尊重，这样孩子才能获得他人的尊重，也才能收获良好的人际关系。很多孩子都以自己朋友太少为遗憾，根源恰恰在于人际关系的缺失，当孩子做到守时守信，这个难题也就会迎刃而解。退一步而言，就算孩子长大成人之后，守时守信的好习惯也能够帮助他们在生活和工作上都有好的发展。所以说，守时守信，对于孩子的成长和发展有很大的好处，父母一定要激励孩子努力进步，具备更优秀的品质。

第十章
好习惯成就一生，让孩子拥有高效率的人生

人们常说，性格决定命运，实际上，好习惯也会成就人生。孩子要想拥有高效的人生，只靠着父母的催促显然远远不够，而且在叛逆期，父母越是催促得紧，孩子也许会更慢、更拖延。要想戒除孩子的拖延症，最好的方法就是形成好习惯，正所谓授人以鱼不如授人以渔，这样哪怕父母不再催促，孩子也能按部就班进行自己的学习和生活，从而让人生更加卓有成效。

1.今日事，今日毕

常言道，今日事今日毕。实际上，很多企业如今也主张“日事日清”，因而“今日事今日毕”也上升到企业管理的高度，为很多企业管理者所运用。仅从字面上，我们不难理解“今日事今日毕”的意思，就是说应该今天完成的事情就放在今天完成，而不要拖延到明天。加深对这句话的理解，在很多时刻也许明天是时间充裕的，但是等到时间流逝，真的来到明天，那么明天依然会有很多待办事项或者突发事项，使得我们措手不及，也根本无法完成昨日就该完成的事情。曾经有位名人说，人生有三天，即昨天、今天和明天。实际上，昨天已经过去，明天还未到来，从严格意义上来说，人生中当下能够把握的只有今天。既然如此，我们就不应该为逝去的昨天感到懊恼，也不要为还未到来的明天而无限担忧，只有过好每一个今天，我们的人生才能拥有无怨无悔的昨天和值得期待的明天。

不管是成年人面对工作和繁重的生活，还是孩子面对学习，如果能够做到今日事今日毕，那么他的人生就不会拖延。尤其是对于拖延症严重的孩子来说，只要合理安排好每一个今天，充实而又快乐地度过每一个今天，那么他们就能够操控命运、掌握人生。当然，对一些比较小的孩子而言，他们可能理解能力有限，还不能准确做到今日事今日毕。大多数孩子都想一出是一出，时常出现很多稀奇古怪的想法和念头，这种情况下，父母就要引导孩子抓紧时间完成当下的事情，从而渐渐地给孩子灌输今日事今日毕的观念。

刚刚上小班的芊芊是个“小拖拉”，不管做什么事情都很慢。有一天，老师让小朋友们涂色，芊芊直到放学也没有涂完，只好带回家来接着涂。看起来，芊芊已经很努力了，她涂得认真仔细，一丝不苟，所以到了吃晚饭的时间，她还没有涂完。

妈妈催促芊芊吃饭：“芊芊，再不吃饭就凉了，先吃饭，吃完饭再接着涂色，好不好？”芊芊正好也饿了，马上坐到餐桌旁吃饭。然而，吃完饭之后，芊芊或者是累了，或者是疲倦了，居然不想继续涂色了。她打开电视机开始看动画片，妈妈刷完碗之后劝说芊芊：“宝贝，咱们继续涂色，好不好？这是老师布置的家庭作业啊，你要认真完成，不然其他小朋友都交作业了，你该怎么办呢？”芊芊为难地说：“但是，我很想看动画片，我明天再涂，好不好？”妈妈耐心地向芊芊解释：“芊芊，你明天早晨起床之后就要去幼儿园，到了幼儿园要吃饭，然后老师就开始检查作业了，你根本没有时间涂色啊。而且，涂色本来就是今天的作业，你今天就要把作业完成，明天才能高高兴兴去上学呢！”芊芊似乎听懂了妈妈的话，沉思片刻之后委屈地说：“那好吧！”说完，她关掉电视，拿起画笔，开始涂色了。

妈妈虽然没有告诉芊芊“今日事今日毕”的道理，但也向芊芊说明了今天的事情要今天完成，明天还会有新的事情需要完成。这样一来，芊芊一定会对事情的安排有更清晰的理解，也会在妈妈的引导下渐渐形成合理安排工作的认知。

孩子一旦养成“今日事今日毕”的好习惯，就将受益终身。当然，习惯的养成是一个漫长的过程，而且要付出长久地坚持和努力。

首先，父母要引导孩子提前对事情进行安排和规划，也可以提前一天制订次日的计划。每天除了提前安排好需要做的事情之外，还会遇到各种突发情况和意外。孩子身心发展不健全，很容易因为缺乏自制力，导致无法准确执行计划。针对孩子的特殊情况，父母前期一定要多多督促孩子，等到孩子真正养成习惯之后，才能按部就班，完成自己该完成的事情。

其次，百闻不如一见。对于孩子而言，哪怕父母说再多“今日事今日毕”的好处，孩子也未必能够感同身受。父母应该言传身教，告诉孩子“今日事今日毕”的好处，或者找机会让孩子亲身体会，那么教育效果一定会更好。

2.制订计划，养成“要事第一”的好习惯

美国有一本管理学著作，名为《要事第一》。所谓要事，就是重要且关键的事情，也是着急的事情。作者之所以写作这本书，主要是想告诉那些整日慌慌张张、做事情不分主次的人，要把重要且紧急的事情排在第一位，要制订计划按部就班地做事情，才能提高效率，避免做无用功。

现实生活中，很多人都需要把自己的生活厘清。人生是繁乱的，却不能无序。繁而有序，是人生最好的状态。所以，每个人都要学会规划时间，也要学会制订计划，这样才能分清楚事情的轻重缓急，不至于遇事手忙脚乱。也许有人说，成功没有捷径。的确，这句话很有道理，也很正确。然而，当我们把一切事情都厘清头绪，就能找到面对生活和工作的捷

径，也让自己所做的一切事半功倍。对成年人而言如此，对孩子而言也是如此。在教育孩子的过程中，要想让孩子把生活理顺，让生活变得秩序井然、井井有条，父母就要引导孩子学会制订计划，也要帮助孩子养成“要事第一”的好习惯。在处理完重要且紧急的事情后，人生自然就没有那么局促了，孩子们也能坦然面对所遇到的问题。大多数父母都为孩子的拖延症感到懊恼，殊不知，唯有从小培养孩子的条理性和秩序性，孩子的学习和工作才能秩序井然，更上一层楼。

在引导孩子制订计划时，父母需要注意的是，孩子的心理和成年人完全不同，要想让孩子从漫无头绪、自由随意的生活中总结经验和教训，父母一定要考虑孩子的心理，尽量设身处地地为孩子着想。孩子人生中的很多第一次都是父母陪伴着走过的，如第一次吃饭、第一次去幼儿园等，都是爸爸妈妈的大手牵小手，一路牵着孩子走过。在让生活变得秩序井然的过程中，因为孩子对事情的急迫程度无法准确区分，所以父母依然要多多照顾孩子，陪伴孩子一起走过。最直截了当的方法，就是父母直接告诉孩子哪些事情最重要，需要马上做完。如果孩子不懂，父母还要耐心向孩子解释。另外要有一个步骤，先要在孩子的意识中植入这个概念，然后让孩子体验，再让孩子意识到，从而让孩子形成正确的理解和意识。很多父母会直接对孩子讲道理或者提出要求，在孩子没有概念的情况下所讲的道理孩子会似懂非懂，进而导致孩子很多时候听不明白，以至于父母会有情绪与失去耐心，更有父母直接对孩子提要求或者规定，往往这种情况被执行的概率很低，我常常在我的训练营中与父母提出一个观点，对没有训练过的孩子的项目不可以提要求，就如同我常对父母们说的，给一架飞机让你去开一样，对孩子的要求一定是孩子有概念、有体验，已认知、达共识，再要求。

大多数孩子都喜欢玩游戏，如果父母能够把轻重主次的概念渗透到游戏中，帮助孩子理解，效果一定会很好。其实年幼的孩子每天除了吃喝拉撒睡，就是玩耍，也可以说玩耍是孩子最主要的任务。所以，父母教育孩子要寓教于乐，在游戏的过程中不断向孩子讲解，对孩子起到潜移默化的影响。

此外，当孩子在懵懂状态经历很多事情之后，父母也要引导孩子进行总结和反思。常言道：不经历无以成经验。孩子在经历之后或许依然无知无觉，在这种状态下，父母就要引导孩子进行积极的反思，从而总结出经验和教训，获得成长和进步。总而言之，孩子的成长是漫长的过程，父母唯有用心引导和陪伴孩子，才能让孩子走过漫长的成长阶段，渐渐走向成熟。

每天晚上写作业，妈妈都为蜜豆桌子上那一大堆杂乱不堪的课本感到发愁。蜜豆简直都快被书埋起来了，妈妈夸张地形容有时要是一不小心，甚至找不到蜜豆人在哪里。妈妈不止一次地催促蜜豆把书收拾好，也经常提醒蜜豆："你的书桌真的就像垃圾堆，你如何能把作业写好呢？"蜜豆对此不以为然。但还真被妈妈说着了，蜜豆每天写作业总是丢三落四，不是忘记这一项，就是写错那一项，老师几乎天天都在群里@蜜豆的妈妈，提醒妈妈盯着蜜豆写作业，给蜜豆检查作业。妈妈觉得很羞愧，甚至都不好意思见老师了。

眼看就要期末考试了，老师提醒妈妈督促蜜豆复习。看着蜜豆桌上堆积如山的书，妈妈也很发愁。她问蜜豆："蜜豆，你准备先复习哪一门啊？"蜜豆发愁地看着妈妈，摇了摇头，说："我不知道啊！"妈妈又问："那么，你觉得自己哪一门课程最薄弱呢？"蜜豆想了想，说："应该是数学吧。"妈妈对蜜豆说："现在，妈妈帮助你一起把书本收拾好，然后你把数学书和复习资料拿出来开始复习。复习完书本之后，你不是有错题集吗，你再认真复习错题集，这样的数学复习就没有什么疏漏了。”原本，妈妈以为蜜豆这么拖延，一定会表示反对，不想蜜豆听到妈妈的话之后当即开始收拾书，口中还念念有词：“妈妈说得对，我怎么就没想起来呢！”听了蜜豆的话，妈妈恍然大悟，原来蜜豆这么长时间不是故意拖延，而是没有意识到，在她的概念中也不知道要先干什么。意识到蜜豆的问题所在，妈妈接下来开始有的放矢地帮助蜜豆制订完成作业的计划，也配合蜜豆厘清楚各科的轻重缓急。最终，蜜豆果然越来越有秩序，完成作业的时候也不再拖延了。

很多父母在不经意间就会以成年人的思维来衡量孩子的思维，殊不知，孩子哪怕到了青春期，和父母的思维也完全不同。所以，父母要理解孩子，就要设身处地为孩子着想，而不要一味想当然，以自己之心揣孩子之腹。很多父母在教育孩子的过程中经常犯的一个错误是，他们自以为了解孩子，也因而觉得孩子了解父母，这样的想法当然只会使父母与子女之间的关系变得更紧张，也会使亲子关系在一次又一次的矛盾和纠纷中受到伤害、破裂或者彻底决裂。

其实，孩子需要的不是父母的指责和否定，也不是父母的唠叨和催促，而是父母具体到细节的指导和可以切实采纳的意见或者建议，也就是我们在“爱在我家”父母训练营中说的“赋能、指引”。父母对于孩子的观察、帮助应该细致入微，至少要让孩子摆脱“没有认知”的状态，从而构建孩子意识层面的认知、概念、逻辑、行为、结果，达到卓有成效地面对这一切。很多父母美其名曰培养孩子的独立性，的确，培养孩子的独立性很重要，但是对孩子的引导、指引、训练和帮助同样很重要。当孩子处于懵懂无知的状态时，他们是很难对自己的人生负责的，唯有父母能够为孩子指明方向，训练孩子、告诉孩子具体的方法，形成有效的决策力、构建孩子的结构化思维、建立孩子的核心区分、提升孩子的判断力，孩子做起事情以及面对起来才能事半功倍、效率倍增。

3.鼓励孩子主动解决问题

孩子在小的时候，遇到问题很多时候都是靠父母解决，慢慢地在孩子心中就会形成一个概念，即问题是父母解决的。慢慢长大后，遇到问题孩子依然会找父母，这个时候一部分父母依然会帮忙解决，以至于孩子慢慢地变得被动。父母知道要培养孩子的独立性，但在孩子需要的时候，依然不自觉地就会冲在最前面。父母子女的亲情，是任何东西也无法隔断的，所以即使父母与孩子生气，他们对孩子的爱从来不会因为气愤而减弱分毫，但也因为如此，孩子慢慢地失去了主动性，慢慢地形成一个意识，就是事情不是我的。我曾经做过一个调查，调研了从小学三年级到初中二年级的 1824 名学生，针对为什么做作业与为什么学习这两个问题，结果惊人地发现 82.3% 的孩子认为学习与作业是因为家长与老师，所以做作业就会很被动。当孩子没有把事情与自己构建链接，在做的过程中就会被动，替别人做，动力与主动性都不会高。因此，家长鼓励孩子主动解决问题，这既培养了孩子的责任心，也锻炼了孩子，更重要的是清晰了孩子的界限感，与自己的成果构建了很好的关系。

话虽然是这么说，但是当父母看到孩子无限拖延的时候，父母还是忍不住情绪。如果不能一劳永逸地解决问题，父母就要经常提醒和督促孩子，甚至催促和唠叨孩子，导致与孩子之间发生矛盾和纠纷。那么，到底有没有一种方法能够彻底解决问题呢？能让孩子主动解决问题，这样父母既不需要白费口舌，也避免了生气难受，而且还会在看到孩子积极主动解决问题时感到由衷的欣慰和喜悦。如何培养孩子主动解决问题的好习惯，这是一个大难题。别说是孩子，拖延是整个人类的共性，人总是趋利避害的，孩子更甚。父母如果有能力帮助孩子养成主动解决问题的好习惯，那么他们理所当然应该享受安然轻松当父母的惬意和闲适。

小学三年级之前，清清在班级里成绩名列前茅，而且也很勤奋刻苦，是老师眼中的好学生。几次开家长会，老师都当着全班家长的面表扬清清，这让清清父母觉得脸上有光，对于清清的期望也变得更高了。

没想到清清未来的生活，再看看清清在学习上表现出来的潜质，清清才刚刚升入三年级，妈妈就不惜花费重金，给清清报了好几个课外补习班。爸爸原本很质疑妈妈的做法，觉得这样一来清清压力太大了，妈妈却对此不以为然，她说爸爸："你呀你，自己就是个大老粗，难道想让孩子以后也和你一样吗！我告诉你，咱们家清清有潜力，我不能埋没了孩子，我必须竭尽全力给孩子创造最好的条件。"就这样，清清开始了放学之后就和妈妈奔赴各个辅导班的生活。有的时候，她上完辅导班回到家里都已经六点多了，吃饭之后大概七点半，却还要完成学校和辅导班里的作业。清清越来越感到疲惫，曾经从学习中获得的乐趣也渐渐消失，她开始排斥和抵触学习，也不再愿意放学或者过周末。她总是说放学之后比上学还累，周末更是每个星期最累的时候。

转眼间，半个学期过去了，妈妈原本觉得清清在期中考试时一定能够取得好成绩，没想到清清的学习成绩不但没有进步，反而退步了十名。妈妈百思不得其解，面对妈妈的斥责，清清一语道破天机："以前我喜欢学习，现在我厌恶学习。"听了清清的话，妈妈陷入了沉思。

现代社会有一股“鸡汤类的教育观念”影响着父母，什么“孩子要赢在起跑线”“不能输给别人”“今天领先一小步，明天领先一大步”“笨鸟先飞早投林”，大多数父母望子成龙，恨不得让孩子一出生就成就大业。殊不知孩子的成长有其自身的规律，根本禁不起父母这样不分青红皂白地拔苗助长。清清原本对学习很感兴趣，也很愿意学习，如今却因为妈妈盲目给她报了这么多辅导班，使她疲于应付、心力交瘁，反而导致学习成绩急速下滑。

每个孩子的情况不同，有的孩子上课听讲不认真，对待学习缺乏主动性，的确是需要这样被动地强迫学习。然而，事例中的清清原本是个勤奋好学的好孩子，妈妈这样盲目的举动反而扰乱了她心中对待学习的秩序和节奏，导致一切都变了样。实际上，一味给孩子报名参加辅导班，只是治标不治本的临时举措，对于孩子的学习也没有长久的好处。父母要想一劳永逸地解决孩子的学习问题，让孩子从被逼迫学习到主动学习，就要想方设法激发起孩子对学习的兴趣，形成内在动力。正所谓兴趣是最好的老师，唯有在兴趣的激励下，孩子们才能最大限度地发挥自身的实力，做到积极主动地学习。此外，父母还要为孩子营造良好的氛围，从自身出发给孩子树立好的榜样，从家庭出发为孩子创造有利于学习的环境，这样孩子才能心无旁骛、专心致志地学习。有些父母本身就爱看电视或者打游戏，自己在玩乐，却要求孩子全身心投入学习，怎么可能呢？最后，要想让孩子发挥主观能动性，自主学习，父母还要注意不要强迫孩子，给孩子留下足够的空间自由成长，这样孩子才会渐渐形成主人翁意识，也不再对父母亦步亦趋、俯首帖耳。总之，唯有让孩子形成自主学习的好习惯，父母才能获得解放，减少因为催促孩子学习而与孩子爆发家庭大战的概率。

此外，从学习效果的角度而言，被动学习效果很差，也不能持久，而主动学习事半功倍，效果也能保持长久。所以，孩子一旦养成主动学习的好习惯，还会在学习上日益精进，有更好的表现，当然也就距离拖延越来越远了。

4. 让孩子学会倾诉，缓解内心压力

如今，最让很多父母感到挫败的是，孩子们总是关闭心门，不信任父母或者根本不屑于与父母交流。这样一来，面对孩子的拖延问题，父母自然无法发现原因，也就只能被蒙在鼓里生闷气。还有很多时候父母没有学会聆听，听到孩子说一半或者还没说父母就已经有结论了，以至于孩子根本不愿意与父母交流。很多时候孩子的内在话、情绪、想法没有了倾诉渠道，更重要的是，孩子们也因为没有倾诉的渠道，导致内心压力很大，甚至根本不知道如何面对自己，因此陷入苦恼中。明智的父母掌握着孩子心门的钥匙，因为他们很清楚唯有让孩子学会倾诉，才能帮助孩子缓解压力，也才能走入孩子的内心，了解孩子真实的所思所想。

如果父母毫无征兆地问孩子在想什么，或者问孩子为何拖延，相信没有孩子愿意回答。实际上，随着年纪渐渐增长，孩子对父母的戒备心理也越来越强，大多数孩子与父母之间都横亘着代沟和隔阂，这就像是一块坚冰，很难打破，只能慢慢消融。明智的父母因此对孩子很关爱，也像对待朋友一样尊重和平等对待孩子。与孩子的对话也是赋能与指引。然而，大部分父母根本没有意识到孩子不愿意倾诉的原因在自己身上，而只觉得孩子处于叛逆期，心思越来越重，所以才会与父母渐渐疏离。很多朋友都有

这样的体验，即在与他人酒过三巡时，聊兴越来越浓，才愿意敞开心扉。但是对于不咸不淡打招呼的朋友，哪怕对方是自己的好朋友，或者是闺蜜、好哥们儿，也很难一开始就诉说内心的烦恼忧愁。这告诉我们，要想让他人倾诉，包括要想让孩子倾诉，都要营造适合倾诉的氛围，也要找准合适的时机。唯有让交流水到渠成，父母与孩子之间才会更加亲密无间，也更加彼此信任。

一直以来，可乐总是很排斥写作文，每周一次的作文课，都让她非常头疼。有的时候，因为可乐的作文没有完成，妈妈还会被老师叫到学校呢。妈妈其实很喜欢写点儿生活的感悟等，她不知道可乐为何不随自己也热爱写东西呢，又怀疑可乐一定是因为某些原因才讨厌写作的，所以妈妈决定找个机会好好与可乐聊一聊。

一个周末，可乐需要买一双运动鞋，妈妈就带着可乐一起去商场挑选。正值一家呷哺新店开业，妈妈买完鞋子之后，就带着可乐去吃呷哺小火锅，这是她们娘儿俩的最爱。窗外是凛冽的寒风，室内温暖的小火锅正在叽里咕噜地冒泡泡，气氛轻松惬意而又温暖美好。妈妈和可乐边吃火锅边聊天儿，妈妈突然说起自己小时候的趣事：“可乐，我告诉你个秘密，我小时候特别不爱学习数学，但是我语文特别好。所以考试的时候，我经常语文考九十多分，数学考六十多分，你不知道，那会儿你姥爷快被我气死了，说我是一条腿走路。”可乐有些纳闷：“你们不学英语吗？”妈妈笑了，说：“那会儿教育还没有这么发达呢，我们就学语文和数学，不学英语。不过，数学没学好，导致我现在算个账都懒得算。一会儿结账的时候，你负责核对账单啊，你数学可比我好多了。”可乐有些不好意思地说：“但是，我作文不好。其实我也不讨厌语文，但是我讨厌写作文。”妈妈装作不解的样子：“啊，为什么呢？我觉得你语言表达能力很好。”可乐想了想，说："我愿意说，不愿意写，是不是太懒惰啦！"妈妈摇摇头，说："你可不懒惰呢，你经常帮妈妈做家务啊，比你们班很多同学都勤快。每次我在群里显摆你做家务，你不知道其他妈妈多么羡慕呢！"看到妈妈自豪的样子，可乐也兴奋起来，说："你还在群里显摆啊，难怪上次班委竞选，有同学提名让我当劳动委员呢！"听了可乐的话，妈妈哈哈大笑起来，说："我觉得写作文一点儿都不难。我小时候语文好，最喜欢写作文。因为写作文是一项自由的工作，只要符合老师的主题，想怎么写就怎么写，简直天马行空啊。有的时候，我还会把平日里不敢说的话写在作文里呢！比如你姥爷揍我，我就写在作文里，还被当成范文朗读了呢，结果全班同学都知道了我挨揍的事情……"

随着交谈气氛越来越轻松，可乐也向妈妈敞开心扉，娘儿俩相谈甚欢，一片和谐。在此过程中，妈妈也知道了可乐不爱写作文的原因，对可乐有的放矢，最终帮助可乐解开心结。一段时间之后，可乐对妈妈说："妈妈，我似乎也感受到你说的天马行空的乐趣了！"

孩子的思维和父母的思维完全不同。很多时候，孩子不愿意向父母倾诉，只把自己不喜欢做的事情无限拖延下去，父母唯有探究孩子拖延背后的深层原因，才能真正帮助孩子打开心结，解决问题。

当然，一味逼着孩子倾诉是不可能的，毕竟嘴巴长在孩子身上，说不说全由孩子决定。父母也可以先从自己小时候的事说起，拉近与孩子之间的距离，从而让孩子打开心扉，愿意对父母倾诉。所谓"解铃还须系铃人"，父母唯有帮助孩子敞开心扉，倾诉才能水到渠成，戒除拖延也才能顺利进行。

5. 首先完成让人讨厌的事情

大多数人之所以拖延，是因为他们不想做眼前的事情。举例而言，孩子们对于写作业会拖延，但是如果是去游乐场，他们一定会第一时间就起床，收拾好自己，奔赴游乐场，迫不及待玩那些期盼已久的游乐项目。由此可见，是否拖延，其实很大程度上取决于孩子是否愿意做一件事情。然而，拖延会永无休止吗？当然不会。对于那些必须要做的事情，即使拖延，最终也还是要面对。在拖延的过程中，很多人还会因为惦记着有事情没完成，导致心神不宁，也无法好好享受正在进行的事情。如果改变一下思路，首先完成让人讨厌的事情，那么接下来就会感到轻松，也会心情愉悦地干别的事情。所以，明智的朋友面对非做不可的、讨厌的事情，他们往往反其道而行之，不但不拖延，还放在第一时间去做，然后尽情享受喜欢的事情，这当然是大智慧的表现。

孩子拖延，很多时候也是因为讨厌某些事情。父母要想帮助孩子戒除拖延，就要了解孩子拖延背后的原因，当发现孩子是因为讨厌一件事情而拖延着不去做时，就可以引导孩子学会正面面对问题，也做出理智的决定。当然，这样的道理说起来谁都懂，却有很多人都不愿意这么去做。因而，父母在教育和引导孩子时，不要急功近利，而是要耐心告诉孩子先完成讨厌的事情有何好处，帮助孩子分析为何不应该把讨厌的事情留到最后。如果能够帮助孩子率先完成讨厌的事情，让孩子亲身感受那份轻松和愉悦，相信说服的效果会更好。

此外，父母还要引导孩子认清楚自己的内心，知道自己为何讨厌那件事情。所谓凡事有因必有果，有果必有因。唯有帮助孩子弄清楚自己的心理状态，孩子才会意识到自己真正在讨厌什么。因为身心发展还不成熟，孩子很多时候未免显得幼稚，在这种情况下，父母要告诉孩子如何才能整理好事情的顺序，这样对孩子是大有帮助的。在做完那些紧急且重要的事情后，父母就要告诉孩子，先做讨厌的事情，接下来就会心情愉悦、效率倍增。

每天晚上八点半，是娜娜的洗漱时间，然而娜娜讨厌洗漱，她不喜欢刷牙，也不喜欢洗头，尤其讨厌洗发水进入眼睛里和耳朵里的感觉。所以，每天晚上到了洗漱时间，娜娜都推三阻四，也经常因为拖延遭到妈妈的严厉批评。即便如此，娜娜依然不愿意妥协，从来不会主动去洗脸、刷牙。在无数次催促都不管用之后，有一天妈妈突然说：“哎呀，我真讨厌洗澡，但是我等会儿要看个电影，我不能一边想着我要洗澡，一边带着糟糕的心情看电影。所以，我觉得先洗澡，然后从洗完澡到十点之间，我就可以躺在床上惬意地看电影了。”说完，妈妈就去洗澡了。妈妈刚刚洗到一半，突然响起敲门声，原来是娜娜在问妈妈：“妈妈，我可以和你一起洗澡，然后一起看电影吗？如果电影过了九点半还有几分钟才结束，你能让我看完吗？”九点半是娜娜熄灯睡觉的时间，妈妈想了想回答：“如果你现在和我洗澡，那么你可以延迟10分钟，到九点四十睡觉。”听到妈妈的话，娜娜当即脱掉衣服，和妈妈一起洗澡了。

洗澡过程中，妈妈答应娜娜看《飞屋环游记》。这是娜娜很久以前就想看的电影了。果然，洗完澡之后，娜娜和妈妈一起惬意地看电影，再也没有人催促娜娜洗漱了，娜娜的感觉好极了。看完电影睡觉前，娜娜主动问妈妈："妈妈，明晚我还要提前洗漱，然后就可以开开心心地玩了。"

事例中，娜娜提前完成讨厌的洗漱，所以才能无忧无虑地和妈妈一起看电影。为了奖励娜娜，妈妈不但给娜娜延长了10分钟，还选择看娜娜最想看的《飞屋环游记》，娜娜可谓收获颇丰。其实，把讨厌的事情放到最后，在整个过程中一直都会因为牵挂着讨厌的事情，导致不能全身心投入地玩耍。而把讨厌的事情抢先做完，接下来就可以无忧无虑地玩耍，这种感觉是每个孩子都喜欢的。所以，如果父母的言传身教对于说服孩子效果不好，父母就可以引导孩子真正去做讨厌的事情，然后加强孩子做完讨厌之事后的美好体验和感受，这样一来，聪明的孩子当然会做出正确的选择。

黄瓜有一头是比较甜的，有一头是比较苦涩的，有的人吃黄瓜从甜的那一头开始吃，越吃越苦；有的人吃黄瓜从苦涩的那一头开始吃，越吃越甜。原本这是非常个性化的选择，无关紧要，但是从本能上来讲，孩子们当然愿意先做自己喜欢的事情，然而这必然导致孩子对讨厌的事情越来越拖延。为了帮助孩子戒除拖延，父母应该引导孩子先完成讨厌之事，从而让孩子接下来无忧无虑、积极主动完成自己喜欢做的事情，这样一来，必然效率倍增。这个道理不仅适用于孩子，也同样适用于成年人，甚至可以说是一种人生的哲学。

6.过程艰难，那就让孩子感受收获的乐趣

人们常说，人生最重要的是过程，而不是结果。然而也有人说，人生最重要的是结果，不要因为过程中的艰难而耿耿于怀。实际上，人生不管是过程还是结果，都同样重要，从某种意义上来说，过程决定了结果，结果又反过来作用于过程。很多孩子之所以拖延，恰恰是因为觉得过程太艰难，所以才产生了逃避心理。为了让孩子感受到生命的快乐，父母应该引导孩子感受收获的乐趣，忽略过程的艰难。毕竟当一切艰难成为过往，就会成为人生中最宝贵的经验，也会让人生变得充实而厚重。而对于孩子而言，只有经风历雨，才能增强生命力，而不至于变成温室里的花朵，弱不禁风。

通常情况下，孩子是缺乏自控力的，更容易随心随性，因而对于自己厌恶的事情，从不掩饰反感。殊不知，人是有趋向性的，孩子一旦表现出反感，就会无形中指向讨厌的事情，使得讨厌的感觉更加明显。这就是自我暗示，孩子们在强大的心理暗示下，会觉得某件事情真的让自己无法忍受，也会因此而万分痛苦。常言道，心若改变，整个世界也随之改变。既然无法改变外界，那么父母最重要的就是引导孩子改变自己的内心，从而对这个世界更加坦然从容。父母必须记住，不要被孩子说服，不要和孩子一样觉得某件事情是无法忍受的。父母的目的是引导孩子接受过程、享受结果，而不是把自己变得和孩子一样对事情无法忍受，也因此而放弃艰难

的过程，彻底与结果失之交臂。

在丘比6岁时，家里进行了家务事的分工，丘比被安排刷碗和扫地。然而，丘比对这两项家务都非常排斥，他不喜欢自己刷碗时满手油污，也不喜欢自己扫地时屋子里灰尘满天飞，他的过敏性哮喘简直都要因此而犯了。在与父母沟通之后，丘比终于可以不扫地了，但是他必须负责擦桌子。刷碗、擦桌子，这倒是一个很流畅的过程。但是，丘比对于刷碗的厌恶并没有因此减弱，反而更讨厌那个抹布了。

有段时间，丘比每次刷碗都愁眉苦脸的。有一次，他因为心神涣散，不小心打碎了一个碗。丘比很内疚，心底里却有畅快的感觉：碎吧，碎吧，如果碗都碎了，妈妈肯定就不敢再让我刷碗了。从一开始强迫自己努力完成工作，到后来丘比越来越拖延，甚至头一天吃饭的碗，他到第二天早晨都没有刷干净。家里人没有足够的碗盘吃饭，丘比遭到指责，却依然对刷碗无动于衷。妈妈问丘比："丘比，你为什么这么讨厌刷碗呢？"丘比无奈地说："我讨厌手上油乎乎的感觉。"妈妈很纳闷："刷碗之后，你可以洗手啊。难道你不觉得自己的工作很有意义吗？你可以为全家人提供干净卫生的碗，你是全家的守护神。"妈妈的话让丘比陷入沉思："我做的事情真的这么重要吗？"妈妈说："是的啊！"丘比似乎意识到自己做的事情的重要性了，因而问妈妈："妈妈，难道我不能什么也不干吗？"妈妈坚定不移地摇摇头，说："你当然要干，因为你和爸爸妈妈一样，是这个家庭的一份子。要是你什么也不干，如何能够证明自己的价值，也证明自己在这个家里不可或缺呢？想想吧，妈妈每天做好美味的食物都盛放在你刷干净的碗里，全家人吃饭时都要感谢妈妈，也要感谢你，这多么有意义啊！"在妈妈的描绘下，丘比幻想自己的确受到了全家人的尊重和敬仰，因而心中立马觉得自己的形象高大起来，也不再那么排斥刷碗了。

干家务是件非常琐碎的事情，不过在西方国家，家务通常都是全家人分担的，在国内有些家庭会有“男主外、女主内”的说法，似乎女人应该承担起所有的家务。实际上，把家务分给孩子，不但可以培养孩子的动手能力，而且可以让孩子更具有主人翁意识。当然，孩子还小，贪玩心重，不喜欢干家务是可以理解的。父母就要引导孩子感受做完家务之后的乐趣和收获，而不要让孩子总是想着做家务过程中的艰难和劳累，同时给予孩子更多的肯定与嘉许。

常言道，先有苦后有甜，没有苦哪有甜。不管是孩子还是成年人，都不要因为过程的艰难就轻易放弃。父母唯有教会孩子坚持努力，孩子未来才能坦然面对人生的风风雨雨，兵来将挡，水来土掩，绝不轻易放弃和退缩，更不一味拖延和抗拒。归根结底，唯有勇敢地直面难题，才能卓有成效地解决和战胜难题。

第十一章
小小惩罚形成强执行力，胜过千万说教

很多时候，父母无数次地说教，也无法让孩子体会到浪费时间的代价，也因为父母竭尽全力地防患于未然，最终导致孩子对父母的唠叨和警示很抗拒，也不耐烦，却始终不能改掉拖延的坏习惯。这到底是为什么？其实解决的办法很简单，父母停止唠叨，让孩子面对约定好的规则后拖延或者浪费时间需付出的代价，那么孩子在体会到拖延的后果或代价时，就有机会形成强的执行力，并且竭尽全力不再拖延。由此可见，哪怕是小小的惩罚也能产生好的教育效果，胜过唠叨、说教。

1.让孩子体会浪费时间的代价

几乎每一位父母，都在为孩子浪费时间而感到苦恼。不可否认，爱玩、没有时间意识、趋利避害是孩子的天性，孩子浪费时间是正常情况，然而，作为父母又不能任由孩子这样不珍惜时间，有意无意地拖延下去。对于这样复杂而又矛盾的情况，父母要如何处理才能有效地解决问题呢？

其实，孩子们之所以浪费时间，是因为年幼的孩子在成长的过程中几乎感受不到时间的重要性，对于时间也缺乏概念。这也是可以理解的，毕竟孩子每天的生活除了吃喝拉撒睡之外，就是玩耍，他们的生活节奏很慢，这导致他们内心的节奏也是非常慢的。他们既不像成年人那样要承受生活的琐碎，也不像成年人那样要承担工作上的巨大压力，而且在父母的细心呵护下，孩子们始终保持无忧无虑的状态，始终健康快乐、自由自在。正是漫长的成长过程，让孩子形成了内心的慢节奏，他们甚至从未意识到自己在浪费时间，而是始终毫无拘束、自由快乐。

每当看到孩子们浪费时间，已经人到中年的父母总是感到非常着急。父母很清楚，时间一去不复返，生命也短暂得如同白驹过隙，因而他们抱着宁愿磨破嘴皮也要教育孩子的态度，不停地在孩子面前反复强调珍惜时间的重要性。然而，父母所说的“一寸光阴一寸金，寸金难买寸光阴”“明日复明日，明日何其多，我生待明日，万事成蹉跎”诸如此类的话，有些孩子在幼儿园阶段就已经背诵得滚瓜烂熟了。可以说，孩子什么道理都懂，就是不能亲身实践与体验到。孩子缺少的到底是什么呢？他们的“知道”与“做到”间，到底横亘着什么呢？父母们唯有找到孩子浪费时间背后的真正原因，才能真正解决问题，让孩子珍惜时间、珍惜生命。

明智的父母知道，哪怕对孩子说尽千言万语，有些人生经历都是不可替代的。所以，在孩子安全的情况下，宁愿让孩子亲自碰壁，也不要打着为孩子好的旗号把孩子保护起来，这除了会使孩子变本加厉浪费时间之外，几乎没一点儿好处。既然如此，父母就要狠下心来，不要时时刻刻都想着为孩子考虑，保护孩子，导致孩子未能体验很多事情。所谓不经历无以成经验，对孩子而言同样如此。唯有让孩子亲身经历，父母才能更好地启发孩子、成就孩子。父母不是替孩子成长，而是让孩子在经历中成长。

小雅做事情总是磨磨蹭蹭的，尤其不懂得珍惜时间，不但上学经常迟到，在和同学相约一起出去玩的时候，也总是迟到。对于小雅浪费时间的做法，妈妈已经司空见惯了，但是看到浪费时间给小雅带来这么多麻烦，妈妈还是忍不住要教育小雅。没想到，小雅非但不领会妈妈的好意，反而厌烦妈妈。思来想去，妈妈也觉得这样日复一日的提醒不能解决问题，因而决定给小雅下一剂猛药。

学校里最近要组织春游，小雅和其他同学一样，早就盼望着春游的日子了。春游那天早晨，小雅因为困倦，在妈妈喊了三次让她起床之后，依然赖在被窝里不愿意起来。无奈，妈妈给小雅下了最后通牒：“小雅，从现在开始我既不喊你也不催促你了，反正学校的大巴车 7：30 准时出发，如果你没赶上，那你就不要去春游了。”小雅几经挣扎，终于磨磨蹭蹭地起床了。她一看挂钟，不由得惊叫：“妈妈呀，现在都 7：15 了。”妈妈表情淡然：“我 6：30 就喊你了。”小雅快速地洗脸、刷牙、梳头发，然后背起头一天准备好的背包，火急火燎地朝学校赶去。虽然她家距离学校只有5分钟的路程，但是到达学校门口时，小雅恰好看到绝尘而去的大巴车。小雅伤心地哭起来：同学们都去春游了，只有她没去。虽然妈妈原本可以开着私家车把小雅送到春游的地方，但是妈妈不想惯小雅这个毛病，为此妈妈任由小雅默默流泪。

次日早晨起床时，妈妈明显感觉到小雅的速度变快了。她暗暗高兴：看来，孩子是需要接受教训的，现实的惩罚比父母的提醒和警示效果要好得多。

时间的脚步从来不等人。尽管孩子还小，父母也要培养他们珍惜时间的观念，从而让他们养成良好的行为习惯。养成习惯从行动、体验开始，父母是孩子最好的老师，也是孩子的第一任老师，所以在教养孩子方面，父母的言传身教对孩子起着很大的作用，父母的自律与计划性，无形之中给孩子在行为上做了引导，那么孩子就会自然而然地形成习惯。如果父母只是对孩子要求高，而对自己放任自流，那么孩子就会对父母的话置若罔闻。

很多时候父母因为孩子小，而忽略要求孩子对自己负责任，我经常在“智见父母赋能对话”家长训练营中说，温柔而坚定的妈妈，是上天送给孩子的一件很好的礼物。孩子虽然小，也要学会对自己的行为负责，也因为小，孩子在遇到一些事情时会哭闹，父母如果没有原则地退让与满足孩子的一些任性要求，这样慢慢地会形成孩子对时间概念的错误认知与体验，当孩子因为浪费时间而造成一些后果时，他们必然要对自己的行为付出代价，而一定的代价也使他们能够主动反思自己，改正自己言行中不恰当的地方，从而让自己获得成长。这个反思中，父母不是指责、抱怨，而是通过“智见父母赋能对话”，让孩子看见、醒觉，并构建意识与概念，同时落实到行为中，再进行聚焦练习。

2.不为孩子的拖拉买单

很多孩子的拖延行为之所以愈演愈烈，是因为父母总是为他们的拖延行为买单，这样一来他们既没有机会验证父母所提出的忠告是对是错，也无须为自己的拖延行为付出代价，自然就会对自己的拖延更加不放在心上，导致拖延行为变本加厉。

孩子到底是被谁纵容了呢？很多父母都为这个问题感到纳闷，因为他们无论如何也想不到，是他们自己导致了孩子的更加拖延。例如，有的父母规定孩子晚上九点半之前必须完成作业，而在发现孩子没有按时完成作业后，他们马上把自己对于拖延行为的惩罚抛之脑后，甚至有的父母和孩子一起写作业，就是为了避免孩子第二天被惩罚。还有的父母看到孩子迟到恨得牙痒痒，却又把责任揽到自己的身上，在老师面前为孩子开脱。试想一下，如果父母总是这样无原则地纵容孩子，孩子如何改掉拖延的坏习惯，让自己变得快起来呢？就像上文的事例中，如果妈妈用私家车把小雅送到春游的指定地点，那么小雅的拖延行为不但不会有所收敛，而且会愈演愈烈，这当然是妈妈不想看到的结果。

父母必须认清一个事实，即哪怕父母再能干，也不可能永远保护孩子，把孩子庇护在自己的羽翼之下。所以，明智的父母要学会放手，让孩子自己去经风历雨，也让孩子在因为拖延导致严重后果的情况下，为自己的拖延买单。唯有如此，孩子才会不断成长，也因为意识到拖延的后果而反省自己，努力改正自己。如果父母总是为孩子收拾残局，不让孩子承担后果，那么孩子渐渐就会觉得父母为自己所做的一切都是理所当然的，也会因此放松对自己的要求，使得拖延行为越来越严重。

每天晚上，妈妈都照例提醒佳琪收拾书包，佳琪也总是表现出不耐烦的样子，对妈妈的话完全不放在心上。一天早晨，妈妈送完佳琪回家，发现佳琪的铅笔盒还留在家里呢，妈妈第一反应是把铅笔盒给佳琪送到学校，但是她转念一想：我每天都提醒佳琪，她总是嫌烦，这次就让她受点儿教训，看她以后还收不收拾书包。

妈妈一整天都在忍耐着，控制自己想给佳琪送铅笔盒的冲动。果然，下午放学佳琪刚刚看到妈妈，就问："妈妈，你在家里看到我的铅笔盒了吗?"妈妈点点头，佳琪抱怨道："妈妈，你知道我忘记带铅笔盒了，为何不给我送到学校啊，害得我今天就和小乞丐一样，不是和这个同学借支笔，就是和那个同学借块橡皮，简直狼狈死了。"妈妈淡然地说："佳琪，自从你上了一年级，妈妈每天晚上都提醒你收拾书包，估计你也厌烦了。从今天开始，妈妈不会再提醒你收拾书包了，因为你已经意识到忘记带文具的后果。所以，妈妈相信你日后会自己主动收拾书包、认真检查的。"

当晚回家，妈妈果然忍耐住没有提醒佳琪收拾书包的事情。佳琪牢记着忘记带铅笔盒的教训，很长一段时间里都主动认真地收拾书包。后来，佳琪在又忘记带过一次作业本后，就再也没有让妈妈操心过收拾书包的事情了。

如果妈妈当时把佳琪忘记带的铅笔盒送到学校，并继续提醒佳琪，那么可想而知，佳琪必然越来越不把收拾书包的事情放在心上，因为她很确定自己如果忘记带什么东西，妈妈就会马上送到学校的。这样的依赖心理一旦形成，孩子就无法管理好自己。

父母要想帮助孩子戒除拖延，一定要狠下心来不要为孩子的拖延买单。孩子唯有为拖延付出代价，才能意识到拖延带来的严重后果，也才能主动反思和改进自己，让自己距离拖延越来越远。父母还要记住，孩子的成长过程无人能够替代，他们必须自己亲自体验，才能感受成长的别样滋味。对于孩子而言，偶尔吃点儿苦、受点儿罪，甚至栽几个跟头，都没有关系，因为孩子恰恰是在这个过程中才不断成长起来的。在孩子成长的过程中，父母不是替孩子负责任，而是让孩子负责任，孩子在负责任的承担中成长、心智完善，养成良好的习惯。

3.磨磨蹭蹭之后，让孩子自己收拾残局

当父母不为孩子的拖延买单，就会发现孩子的速度越来越快，也能够自己盯着时间避免迟到了。当父母不再为磨磨蹭蹭的孩子收拾残局，父母才会发现孩子渐渐地改掉磨蹭的坏习惯，也不会凡事都位列倒数第一了。然而，有多少父母能够做到如此淡定，就这样眼睁睁地看着孩子为拖延买单、为磨蹭付出代价，而弄得自己手忙脚乱，甚至都急哭了呢？父母心软一次，孩子的拖延和磨蹭就变本加厉一次；父母心硬一次，孩子的自理能力就变得更强一些。

现实生活中，很多父母都忍不住催促孩子，甚至骂孩子，只为了让孩子加快速度，不再磨蹭。殊不知，如果孩子从不知道磨蹭的后果，也不知道自己收拾残局的紧张局促，他们如何能够主动自发地提升速度呢？所谓

吃一堑、长一智，父母要想让孩子改变，就要为孩子提供吃亏和受到教训的机会。孩子最怕形成依赖性，如果他们意识到不管出现怎样的情况，父母都会为他们解决，他们必然变本加厉，甚至肆无忌惮。相信每位父母的初衷都是想改变孩子的拖延毛病，帮助孩子不再磨蹭，加快速度处理各种问题，既然如此，父母就要学会对孩子的磨蹭行为视若无睹，然后再淡然地，甚至是幸灾乐祸地看着孩子收拾残局。这个时候，明智的父母知道，最好的姿态就是当旁观者，而不要忧愁孩子的忧愁，在孩子面对问题时陪伴孩子、给予力量，要相信孩子，并让孩子自己面对，父母可以做的是陪伴、肯定、指引，所有的事情都要让孩子自己去处理。

大多数父母和孩子都盼望着周末的到来，至少孩子周末不用上学，父母也终于可以在周末好好休息，睡到自然醒。然而，小菲家的周末从来不消停，总是鸡飞狗跳，爆发家庭大战也是常有的事情。

原来，小菲写作业真的太困难啦，尤其是在周末，她更有了借口不停地磨蹭和拖延，最终导致每到周日晚上，都是她恶补作业的时刻，也弄得父母心力交瘁。周五一放学，妈妈就催促小菲写作业，小菲却以一个星期都上学太累为由，周五晚上就开启了狂欢之夜。周六上午，小菲一直在睡觉，醒来时都日上三竿了。中午吃完饭，小菲本该写作业，但是看到爸爸妈妈有什么娱乐活动，她也来凑热闹，这样一来，周六一天又无所事事地度过了。周日上午照例睡懒觉。然而，现在的学校作业量都很大，等到小菲吃完午饭悠闲地开始准备写作业时，她不由得开始发愁起来：这么多作业，什么时候才能写完啊！巨大的压力使小菲一直磨磨蹭蹭，最终到了晚上，她也没写几个字，作业却如同小山一样堆积在她的面前。

有段时间，父母看到小菲急得呜呜直哭的样子，也会帮小菲写作业，或者是给小菲打下手完成作业。然而，细心的妈妈看到小菲对作业越来越拖延、磨蹭，意识到不能再给小菲帮忙了。就这样，当小菲拿出成堆的周末作业时，突然发现自己得孤军奋战，不由得号啕大哭。爸爸有些心软，想给小菲帮忙，妈妈坚决制止，并且警告爸爸离小菲远一些，不要打扰小菲。就这样，小菲哭一会儿，写一会儿，直到晚上十点也没写完作业。晚上睡着后，她做梦都梦见了老师严厉地批评她，还哭醒了呢！果然，周一早晨，小菲被老师当着全班同学的面毫不留情地批评了一通，当时小菲就下定决心，以后再过周末一定要先完成作业，再也不能这么狼狈不堪了。

此前，父母总是帮助小菲，所以她从未意识到没完成作业的严重后果，也没有承担相应的责任。然而，妈妈发现小菲变得越来越依赖父母，因而当即斩断小菲的后援和退路，相信以后小菲哪怕不能第一时间完成周末的作业，也不会再犯同样的错误，导致无法完成作业了。当然，在这种情况下，妈妈可以巩固下效果，比如，告诉小菲完成作业才能无忧无虑地玩要等，这样小菲再到周末必然表现更好。

通常情况下，学龄阶段的孩子已经有了时间观念，很少再因为时间感差导致拖延。他们之所以无限拖延，就是因为知道父母会帮助他们解决问题，也因此他们从未承担过拖延的后果。父母一边帮助孩子解决拖延引起的恶劣后果，一边要求孩子不要继续拖延下去，这显然是非常矛盾的教育方法。明智的父母不会毫无原则地帮助孩子，而是会让孩子自己承担磨蹭的后果，唯有让孩子吃到苦头，才能迫使孩子自发地改掉磨蹭的缺点。

4. 犹豫不决错失良机，孩子必须承担后果

孩子因为生活经验不足，未免胆小怯懦。因而，在面对选择的时候，很多孩子都会犹豫不决而错失良机或者导致严重的后果。每个父母都望子成龙，都希望孩子在长大成人之后能够独当一面，撑起一片天。那么，如何才能让孩子变得坚决果断，而不畏缩怯懦呢？

不可否认，坚决果断的品质，是每个人获得成功的必备素质。一个人如果前怕狼，后怕虎，对于任何事情都举棋不定，那么他们一定很难有所成就。父母要想孩子出人头地，成为顶天立地的人，就要从小培养孩子的果断品质，也让孩子抓住更多的机会，在人生中收获更多。

有个男孩非常优秀，大学毕业后他没有开始工作，而是自己报名参加了一个计算机培训班，从而提升自己的计算机能力，也为自己日后找到好工作奠定基础。这个计算机培训班的课程为期一年，时间转眼即逝，男孩还有一个月就要从培训班里毕业了，到时候还能得到计算机等级的证书呢。正在此时，男孩突然得到一个消息，原来有一个外企公司正在招聘，而且待遇优厚。男孩看了看招聘简章，发现自己各方面条件都符合这家公司的要求，也很有信心面试成功。然而，他也很犹豫，因为他还有一个月就从计算机培训班毕业了，还有资格证书要领取呢。但是，如果他现在就去面试，培训就会半途而废，自然也得不到任何资格证了。

那家外企的招聘还有三天时间就结束，这意味男孩必须在三天之内做出决定。男孩犹豫不决、苦恼不已。无奈之下，他只好问同住的学长应该如何选择，学长把刚买到的两个大西瓜放在男孩面前，让男孩抱起一个。男孩轻轻松松就抱起一个大西瓜，这时候，学长又让男孩抱起另一个西瓜，男孩为难地看着学长，不知道该怎么做。学长哈哈大笑起来，说："你放下手里这个西瓜，不就可以抱起来另一个西瓜了嘛！"男孩恍然大悟，也当即知道了答案。他马上结束培训，参加应聘，果然凭实力成为外企的高薪白领。

鱼与熊掌不可兼得，任何情况下，一件事情或者某种选择都是有利也有弊的。既然如此，我们就不可能面面俱到，而只能权衡利弊，做出最优化的选择。很多孩子之所以在选择的时候犹豫不决，是因为他们不知道哪个方面的利益和收获对于自己而言是更重要的。假如他们能够正确衡量，选择就会变得水到渠成。

如何才能培养孩子积极果断的作风呢？曾经有心理学家经过研究提出，一个人童年时期的经历会潜移默化地影响他们的性格形成，如果父母本身就是犹豫的人，那么孩子很有可能受到影响，导致做决定的时候拿不定主意。所以，父母要给孩子树立好的榜样，如果父母本身就优柔寡断，那就不要抱怨孩子性格懦弱了。当然，父母也可以和孩子一起努力，改变优柔寡断的行事作风，一起进步。

此外，为了帮助孩子及时做出决定，还可以事前给孩子一些预告，从而帮助孩子提前准备，预留时间进行思考。父母尤其需要注意，对待孩子不能强势，否则孩子一旦习惯了什么事情都听父母的，怎么可能当机立断做出决定呢！这样孩子在未来会失去很多原本可以抓住的机会，孩子的人生就活"小"了，孩子的冒险精神也会变弱。过度依赖还有可能导致最糟糕的情况——使孩子失去独立做决定的能力。所以，在教养孩子的过程中，父母要抓住更多的机会，让孩子经过刻意聚焦练习，渐渐形成果断决定的能力，拥有当机立断的魄力。

5.竞争很激烈，孩子必须自己面对

挪威人特别喜欢吃活的沙丁鱼，然而，市面上销售的沙丁鱼大部分都是死的，因为经过长途运输的颠簸再加上缺氧等因素，当渔民把沙丁鱼从海洋里捕获再运输到市场上销售时，再鲜活的沙丁鱼也都死了。为此，活的沙丁鱼价格是死沙丁鱼价格的几倍之高。有一艘渔船不知道发现了什么奥秘，总是能保持沙丁鱼的鲜活，因而赚得盆满钵满。很多渔民对此百思不得其解，然而，船长严格保守秘密，从来不向任何人透露沙丁鱼鲜活的秘诀。若干年后，船长吐露了保持沙丁鱼鲜活的秘密，谜底渐渐为世人所熟知。原来，这个船长使沙丁鱼保持新鲜和活力的方法很简单，就是在运输沙丁鱼的水箱里放入一条生性凶残、尤其爱吃沙丁鱼的鲇鱼。在鲇鱼的威胁下，沙丁鱼必须一直保持躲避的状态，因而它们不得不在狭窄的水箱中四处游动。这样一来，水箱里因为沙丁鱼的游动，氧气充足，所以保证了沙丁鱼的鲜活。这就是心理学上大名鼎鼎的“鲇鱼效应”，这个效应告诉我们，在竞争的激烈中，弱者未必被淘汰，反而会活得更好。

聪明的渔夫用鲇鱼来刺激沙丁鱼，从而保持沙丁鱼的鲜活，那么父母也可以借鉴渔夫的做法，利用“鲇鱼效应”来刺激孩子，加快孩子的速度，从而帮助孩子戒除拖延。通常情况下，孩子在父母无微不至的照顾和呵护下，很少接触竞争激烈的社会，而是过着安逸舒适的生活。然而，随着时间的推移，孩子总要长大，而拖延成性的孩子根本无法立足于社会。为此，父母就要在孩子真正步入社会之前，适度地训练孩子使其具有竞争意识，也可以恰到好处地为孩子营造竞争的氛围，从而使孩子保持警惕和竞争意识，也更好地适应这个社会。

很久以前，有一个越野跑运动员成绩很不错，但是在经过一段时间的提升后，他的成绩陷入瓶颈状态，无论教练多么努力训练，都无法使他的成绩更进一步。教练很纳闷，因为根据教练的经验，这个运动员的成绩是可以继续提升的。

一个周末，大雾弥漫，教练带着运动员们去野外进行跑步训练。这个运动员速度稳定，始终领先于第二名100米的距离。正当他轻松地奔跑时，突然听到身后传来队友惊恐的呼喊声："狼！狼！"运动员扭过头去看，果然发现有个毛茸茸的动物正在朝着他追赶过来，距离他也就只有20米远了。运动员觉得毛骨悚然，当即加快速度沿着既定路线狂奔不止。他不管什么时候回头，都看到那个动物对他紧追不舍。他气喘吁吁，终于来到终点线，教练正在终点等着呢，他狂喊："狼！"赶紧躲到教练身后。不过，看上去教练一点儿也不紧张，更让这个运动员惊讶的是，狼居然一头扎进教练的怀抱，和教练亲昵起来。原来，这是一只不咬人的狼，是教练为了让他突破自己的成绩才安排到跑道上的。事实证明，在狼的追击下，这名运动员的成绩得到了大幅提高。

运动员的身后如果没有狼，也许他就会始终满足于自己的成绩，而且也禁锢自己。而狼的突然出现，导致他内心紧张不安，也因为生命遭到威胁，他更是不遗余力地向前跑去。不得不说教练的主意很好，用这种方法来帮助运动员提升成绩，简直太巧妙了。

为了激励孩子改变温暾的状态，父母也可以为孩子准备一个竞争的对象。例如，孩子学习成绩不好，那么可以找一个标杆给孩子，不过需要注意的是，这个标杆不要与孩子相差太远，而应该是孩子经过努力可以超越的，否则孩子就会因为目标太高而放弃努力。此外，自卑的孩子往往不敢与他人竞争，父母也要帮助孩子形成自信，这样孩子才能勇敢地面对其他竞争对手，不遗余力地与他们竞争。总而言之，父母要培养孩子的竞争意识，让孩子在对手的激励下动起来，奋勇向前。

6.拖延的后果，就是要付出加倍的努力

如今，懒惰的孩子很多，因为他们已经习惯了父母和长辈无微不至的照顾，所以形成了强烈的依赖心理，能偷懒就偷懒，根本不愿意主动付出和努力。然而，一旦走出家门，进入学校，孩子自然而然地处于竞争关系中，如果继续拖延下去，就会导致严重的后果，哪怕付出加倍的努力，也未必能够赶得上。这个道理父母当然懂，但是对孩子讲的时候，孩子未必愿意全盘接受，甚至还会质疑父母所说的。既然如此，明智的父母就不会一味对孩子进行说教，而是会给孩子机会认识到拖延的后果，也让孩子付出加倍的努力作为代价。

作为父母，不要为孩子的拖延买单，而是要让孩子意识到每个人都是独立的生命个体，每个人都要为自己的成长负责。唯有教会孩子认识现

实，让孩子理性地承担起拖延的责任和后果，那么孩子渐渐地就会改掉拖延的坏习惯，也能够更积极地处理好人生中的很多事情，收获更多。

国庆假期前四天，波波突然生病发烧，嗓子里和手掌心还冒出了几个疙瘩。医生看完之后，当即断定波波得了手足口病，要求波波马上停课，不要再去学校上学。波波已经读五年级了，停课五天，显然会落下很多功课。然而考虑到会传染其他同学，妈妈还是当即给波波请假，不让波波去学校了。

波波是大孩子，患了手足口病之后症状很轻，输液一天之后就不再发烧了。为此，妈妈提出给波波补课，波波却非常抵触，说："我这是休病假，为何还要补课啊？等到开学了，老师会给我补的。"看到波波的态度，妈妈很生气，还为此和波波吵了一架，后来赌气不再要求波波补课，而是等着看波波开学后的表现。果不其然，国庆节假期后上课没几天，老师就进行了单元测试，波波的语文成绩还好，数学成绩却一落千丈，从原本班级里的十名左右掉落到二十五名。波波自知理亏，回到家里给妈妈看成绩的时候，感觉很心虚。妈妈看到波波的成绩，反而有种幸灾乐祸的感觉，她对波波说："看看吧，这就是拖延的后果。如果你请假的四天里配合补课，成绩至于这么一落千丈吗？"波波一声不吭，妈妈理直气壮地说："赶快完成学校的作业，然后来找我补课，再完成课外补充习题。"波波接连几天都在补课，也做了很多课外习题，终于在半个月之后的单元测试中追赶了上来。妈妈语重心长地告诉波波："看看吧，你错过了四天的课程，但是开学之后学校还在学习新课，所以你错过的就不止是四天的课程了。常言道，一步跟不上，步步跟不上，就是这个道理。以后在学习上还拖延吗？"波波摇摇头，完全信服了妈妈所说的话。

波波之所以成绩下滑严重，就是因为请假的四天里没有积极补课。学习是一环套一环的，一旦有某个环节掉链子，后果就会很严重。其实妈妈原本可以强制要求波波补课，但是她觉得明白学习禁不起拖延的道理对于波波而言比补课更重要，所以她才会任由波波拖延下去，而以实际的成绩给波波敲响警钟。不得不说，妈妈的教育方式是对的，相信波波经过这次教训以后再也不会在学习上拖延了。

孩子总要学会长大，学会付出代价。如果父母总是保护孩子不受任何伤害，那么孩子也就没有犯错且承担后果的机会，更不会反思自己，督促自己进步。当孩子知道拖延的后果不是休闲和安适，而是哪怕付出加倍的努力也无法挽回的，孩子自然会主动戒除拖延，从而避免给自己造成巨大的损失。所以，与其对孩子说出其中的利害，不如让孩子切身体验其中的利害关系，这样对于孩子而言，教训才是深刻的，对孩子的教育效果也会更好。

后记

人生已经走过而立，年届不惑，有几位妈妈面对孩子的拖延能淡定地告诉自己“孩子是亲生的，命是自己的”？只怕在盛怒之下，说了也不起多大的作用吧。理智是一回事，感情是另一回事；说到是一回事，做到又是另一回事。面对人生的无奈，想开是一回事，看开是另一回事；说到是一回事，做到根本不是那么回事。即便是自己亲生的孩子，即便知道孩子把两个小时的作业写成两天两夜没完成是一种本事，做父母的还是按捺不住心中升腾的愤怒，恨不得第一时间就把孩子扔到门外去，也不停地问自己：我为什么要生孩子，我为什么不当丁克，我到底是图什么呢？

是啊，生儿育女一辈子，到底图什么呢？在盛怒过后，如果问问那些拖延的孩子为何要拖延，他们大多数都会瞪着无辜的大眼睛看着你，向你释放一个明确的信号：不知道。为人父母者不由得恍然大悟，原来自己一直以来对孩子都是想当然，所谓生气也只不过是自己和自己较劲而已。因此马上对孩子的上一页翻篇，继续对孩子好，继续疼爱孩子。一旦等到孩子拖延症复发，父母又立刻就像变了一个人，曾经对自己和孩子的理解与体谅，全都不复存在。

生活就这样日复一日地循环往复，倒也生动有趣，至少有了孩子打打岔，人生不至于那么枯燥无味。但是，对于孩子的拖延问题，依然不能放松警惕，毕竟拖延不是一个简单的小问题，而有可能影响孩子人生的方方面面。正因为如此，如何帮助孩子戒除拖延，才成为大多数父母都非常关心的事情。

有些父母觉得孩子还小，因而也情不自禁地犯了拖延症，只想往后推，而不想现在就面对孩子的拖延问题。实际上，帮助孩子戒除拖延并没有绝对的好时机。拖延是人类的共性，不同年龄段的孩子对拖延的表现都很相似，唯一的不同在于他们拖延的轻重程度各异。所以，父母最重要的是认清问题的本质，区分清楚孩子之所以慢，是因为内心的节奏，还是因为某些客观的原因，或者完全是故意为之。如果父母曾经也是一个拖延的人，那么很好，至少你应该从自己以往的感受和经历中获取经验，更加理解孩子内心此刻正在经历的紧张焦虑、焦灼不安。如果你现在也还是拖拖拉拉的，那么你当然应该知道孩子为何会拖延，他完全是以你为榜样的啊！既然如此，你完全有责任和孩子一起组成互帮互助的小组，彼此激励、相互支持，走过戒除拖延这段艰难的人生之路。

教会孩子活在当下，既不为昨天而懊恼，也不因畏惧明天的到来而拖延，让孩子认识到时间的步伐嘀嘀嗒嗒从不停歇，从而心平气和帮助孩子养成良好的行为习惯，这将会让孩子终身受益，也是父母能够给予孩子的最好礼物！不拖延，从此刻做起，从你做起，爸爸妈妈们，你们准备好了吗？